SCHRIFTENREIHE DES IFO-INSTITUTS FÜR WIRTSCHAFTSFORSCHUNG

Nr. 46

IFO-INSTITUT FÜR WIRTSCHAFTSFORSCHUNG

Die Arbeitsmarktsituation im westdeutschen Großhandel

Umfang, Ursachen und Auswirkungen des Arbeitskräftemangels

Von

Helmut Laumer

DUNCKER & HUMBLOT / BERLIN-MÜNCHEN

Gedruckt 1961 bei Berliner Buchdruckerei Union GmbH., Berlin SW 61
Printed in Germany

Vorwort

Eines der aktuellsten Probleme des westdeutschen Großhandels ist der Arbeitskräftemangel. Deshalb hat der Gesamtverband des Deutschen Groß- und Außenhandels, Bonn, das Ifo-Institut beauftragt, in einer Untersuchung die Arbeitskräftesituation im Großhandel unter allen relevanten Gesichtspunkten zu durchleuchten. Hierbei kam es vor allem darauf an, zu klären, welches Ausmaß der Arbeitskräftefehlbestand tatsächlich hat, in welchem Umfang der Nachwuchsbedarf in den zurückliegenden Jahren gedeckt werden konnte, welche Ursachen der Arbeitskräftemangel möglicherweise hat und ob bzw. wieweit der Arbeitskräftebedarf des Großhandels in den kommenden Jahren voraussichtlich gedeckt werden kann.

Für die Untersuchung standen nur in unzureichendem Maße amtliche statistische Daten zur Verfügung. Es war daher erforderlich, durch eigene Erhebungen des Ifo-Instituts zusätzliches und spezielleres Unterlagenmaterial zu beschaffen. Daneben wurden vereinzelt vorliegende Erhebungsergebnisse anderer Institute, von Verbänden und Behörden herangezogen. Durch die Verwendung dieses vielfältigen, meist unter verschiedenen Gesichtspunkten erhobenen, Unterlagenmaterials mußte die Übersicht zwangsläufig etwas leiden. Andererseits liegt der Wert der Arbeit unseres Erachtens gerade darin, daß wohl das gesamte in Westdeutschland zu diesem Problem vorhandene Material systematisch ausgewertet und aus dem Blickwinkel des Großhandels analysiert wurde.

München, im Juni 1961

Prof. Dr. *Hans Langelütke*
Vorsitzender des Vorstandes
des Ifo-Instituts für Wirtschaftsforschung, München

Inhaltsverzeichnis

Tabellenverzeichnis

Schaubildverzeichnis

I. Die Bedeutung des Personalproblems für den Großhandel

Der Arbeitskräftemangel ist in den letzten Jahren mehr und mehr zu einem zentralen Problem der Unternehmensführung geworden. Für den Großhandel ist dieses Problem besonders schwerwiegend: Einmal ist dieser Wirtschaftsbereich wesensbedingt ausgesprochen arbeitsintensiv, zum anderen ist hier der Ersatz menschlicher Arbeitskraft durch Maschinen, Organisation und Disposition nur in relativ beschränktem Rahmen möglich, da es nicht in dem Maße wie etwa in der Industrie sich gleichmäßig wiederholende Arbeitsgänge gibt.

Annähernd die Hälfte der Gesamtkosten im westdeutschen Großhandel sind Personalkosten[1]. Der Großhandel ist damit erheblich arbeitsintensiver als etwa die Industrie in ihrer Gesamtheit. Daß unter diesen Umständen seiner Personalpolitik ein starkes Gewicht zukommt, bedarf keiner besonderen Betonung.

Zwar sind nicht alle Großhandelszweige gleich arbeitsintensiv, doch sind die bestehenden Unterschiede nicht sehr groß. Der Anteil der Personalkosten an den Gesamtkosten schwankt von Branche zu Branche nur innerhalb einer relativ engen Bandbreite, wie die Ergebnisse der im Großhandel durchgeführten Betriebsvergleiche zeigen. Die Sparten des Produktionsverbindungshandels sind im allgemeinen noch etwas arbeitsintensiver als die Fachzweige des Konsumgütergroßhandels.

Die hohe Arbeitsintensität im Großhandel ist von seinen Funktionen her bedingt. Es sei nur auf die große Bedeutung der Sortimentsbildung und der Lagerhaltung hingewiesen. Sie schließen mannigfaltige arbeitsintensive Tätigkeiten ein, z. B. die An- und Auslieferung der Waren, die Zusammenstellung der Erzeugnisse vieler Lieferanten zu Bedarfssortimenten, Warenpflege und dergleichen mehr; das alles erfordert einen umfangreichen Personaleinsatz.

Seit einigen Jahren werden im Vertriebsbereich, auch im Großhandel, viele — teils recht erfolgreiche — Versuche unternommen, den Arbeitsablauf stärker zu rationalisieren, um die Vertriebskosten, insbesondere den hohen Personalkostenanteil, zu verringern.

---

[1] Vgl. *Batzer*, E. und H. *Laumer*, Der Großhandel in Gegenwart und Vergangenheit, Schriftenreihe des Ifo-Instituts für Wirtschaftsforschung, Nr. 35, Berlin—München 1958, S. 76.

Im Großhandel liegt der Schwerpunkt dieser Rationalisierungsmaßnahmen auf den Gebieten der Verwaltung und des Lagerwesens. Im Verwaltungsbereich konnten durch den Einsatz moderner Büromaschinen, z. B. Buchungsautomaten, Fakturiermaschinen etc., sichtbare Rationalisierungseffekte erzielt werden. Bemerkenswert waren aber auch die Fortschritte, die durch bessere Disposition erreicht wurden. So wurde im Rahmen der freiwilligen Ketten das Auftragswesen (sowohl die Auftragshereinnahme als auch die -vergabe) durchweg erheblich verbessert. In vielen Fällen versuchen Großhandlungen die Lagerhaltung durch geschickte Auftragsterminierung zu verringern, ohne hierbei an Dienstbereitschaft den Abnehmern gegenüber einzubüßen. Das ist natürlich am leichtesten dort möglich, wo der Abnehmerkreis hinsichtlich Größe, Sortimentsgestaltung etc. keine allzu großen Unterschiede aufweist. Im Lagerwesen konnten in vielen Fällen bemerkenswerte Erfolge durch organisatorisches Neugestalten (z. B. ausschließlich horizontale Warenbewegungen durch eingeschossige Flachbauten, systematische Anordnung der gelagerten Waren, Verwendung von genormten Paletten) erzielt werden. Mit dem — von Amerika übernommenen — Cash and Carry-System (Übertragung der Selbstbedienungsmethode auf die Großhandelsstufe) wird noch experimentiert. Ermutigende Anfänge liegen jedoch vor[2].

Sicherlich läßt sich der Arbeitsablauf auch im Großhandel noch viel stärker rationalisieren als das bisher der Fall ist. Vor allem werden die Rationalisierungsmaßnahmen noch erheblich an Breite gewinnen, d. h. erheblich mehr Firmen als bisher erfassen. Man muß sich jedoch darüber im klaren sein, daß im Großhandel einer Mechanisierung oder gar einer Automatisierung engere Grenzen gesteckt sind als in der Industrie. Natürlich liegen die Verhältnisse je nach Fachzweig unterschiedlich; vor allem Art und Beschaffenheit der gehandelten Güter (Sperrigkeit, Verderblichkeit etc.) haben einen nicht geringen Einfluß auf die Rationalisierungsmöglichkeiten.

Der Ersatz menschlicher Arbeitskraft durch Maschinen, Organisation und Disposition im Großhandel ist also nur beschränkt möglich. Die menschliche Arbeitskraft wird somit weiterhin ihre zentrale Stellung als „Produktionsfaktor" beibehalten. Eine weitere Verknappung dieses Produktionsfaktors kann sich für viele Großhandelsunternehmen geradezu existenzbedrohend auswirken.

---

[2] Die *Rationalisierungsgemeinschaft des Handels* (RGH) führte eine Untersuchung über die Selbstbedienung im Großhandel durch, die alle Cash- and Carry-Betriebe, soweit sie zur betriebs- und volkswirtschaftlichen Beurteilung dieses Systems von Wichtigkeit sind, einbezogen wurden. Vgl. *Schoneweg*, R., Die Konkurrenz mit sich selbst, Der Deutsche Handel, Juli 1960, Beilage zum Handelsblatt Nr. 135 vom 18. Juli 1960; ferner *Schoneweg*, R., Selbstbedienung im Großhandel, Köln 1961.

II. Beschäftigtenstruktur und -entwicklung im westdeutschen Großhandel

A. Entwicklung der Zahl der Beschäftigten von 1950 bis 1959

1. Die Beschäftigten im Großhandel insgesamt und in den anderen Wirtschaftsbereichen

Während die Zahl der Großhandelsbetriebe in Westdeutschland[3] seit der Währungsreform mit rd. 130 000 relativ konstant geblieben ist, haben sich die Beschäftigtenzahlen im letzten Jahrzehnt kräftig erhöht. Nach Ermittlungen des *Ifo-Instituts*[4] vergrößerte sich die Zahl der im Großhandel tätigen Personen (einschließlich Inhaber, mithelfende Familienangehörige, Lehrlinge) von 1950 bis 1959 um knapp 80 vH auf annähernd 1,3 Millionen.

Tabelle 1

Entwicklung der Beschäftigten im Großhandel insgesamt von 1950—1959

Jahr	in 1000	1950 = 100
1950	728	100
1952	832	115
1954	950	131
1956	1113	154
1958	1209	167
1959	1289	178

Quelle: „Die nichtlandwirtschaftlichen Arbeitsstätten in der Bundesrepublik Deutschland nach der Zählung vom 13. 9. 1950“, Statistik der Bundesrepublik Deutschland, Bd. 45; Sondererhebung des Ifo-Instituts.

Die Zahl der Beschäftigten nahm in diesem Jahrzehnt im Großhandel wesentlich stärker zu als in den übrigen Wirtschaftsbereichen. Damit hat sich auch der Anteil der im Großhandel tätigen Personen an der Gesamtzahl der Erwerbstätigen vergrößert und zwar kontinuierlich von Jahr zu Jahr.

---

[3] Ohne West-Berlin und Saarland.
[4] Repräsentativerhebung bei rd. 2000 Großhandelsfirmen, durchgeführt im Juli 1960.

Tabelle 2

Entwicklung der am Erwerbsleben beteiligten Personen nach Wirtschaftsbereichen von 1950—1959

Bereich	1950	1952	1954	1956	1958	1959
			a) in 1000			
Land- und Forstwirtschaft	4 965	4 645	4 360	4 140	3 950	3 860
Produzierendes Gewerbe	8 520	9 150	10 040	11 125	11 495	11 760
Handel und Verkehr	3 195	3 650	3 990	4 380	4 690	4 775
darunter: *Großhandel*	*728*	*832*	*950*	*1 113*	*1 209*	*1 289*
Öffentlicher Dienst, Dienstleistungen	3 320	3 465	3 605	3 790	4 045	4 160
Wirtschaftsbereiche insg.	*20 000*	*20 910*	*21 995*	*23 435*	*24 180*	*24 555*
			b) in vH			
Land- und Forstwirtschaft	25	22	20	18	16	16
Produzierendes Gewerbe	43	44	46	47	48	48
Handel und Verkehr	16	17	18	19	19	19
darunter: *Großhandel*	*3,6*	*4,0*	*4,3*	*4,7*	*5,0*	*5,2*
Öffentlicher Dienst, Dienstleistungen	16	17	16	16	17	17
Wirtschaftsbereiche insg.	*100*	*100*	*100*	*100*	*100*	*100*

Quelle: Wirtschaft und Statistik, Heft 1/1960, Seite 30; Sondererhebung des Ifo-Instituts und eigene Berechnungen.

Die kräftige Zunahme der Beschäftigten im Großhandel bei gleichzeitig nahezu stagnierender Betriebszahl hatte ein entsprechend starkes Anwachsen der durchschnittlichen Betriebsgröße zur Folge. Im Jahre 1959 hatte im Durchschnitt jeder Großhandelsbetrieb knapp 10 Personen beschäftigt.

Tabelle 3

Entwicklung der Beschäftigten je Großhandelsbetrieb von 1950—1959

1950	1954	1956	1958	1959
5,5	7,1	8,3	9,1	9,7

Quelle: Eigene Berechnungen nach „Die nichtlandwirtschaftlichen Arbeitsstätten in der Bundesrepublik Deutschland nach der Zählung vom 13. 9. 1950“, Statistik der Bundesrepublik Deutschland, Bd. 45; Umsatzsteuerstatistiken, Statistik der Bundesrepublik Deutschland, Bd. 112, 161, 212 und 240; (Fortschreibung der Betriebszahlen); Sondererhebung des Ifo-Instituts.

Gegenüber der Vorkriegszeit hat sich die durchschnittliche Betriebsgröße bis heute etwa verdoppelt. Im Jahre 1925 beschäftigte z. B. jeder Großhandelsbetrieb im Durchschnitt 4,5 Personen, 1933 4,3 Personen und 1939 — wie 1950 — 5,5 Personen[5].

Tabelle 4

Entwicklung der im Großhandel Beschäftigten pro 1000 Einwohner im Reichs- bzw. Bundesgebiet

1939	1950	1952	1954	1956	1958	1959
11,4	15,2	17,1	19,1	21,9	23,2	24,4

Quelle: „Nichtlandwirtschaftliche Arbeitsstättenzählung vom 17. 5. 1939", Statistik des Deutschen Reichs, Bd. 566—571; „Die nichtlandwirtschaftlichen Arbeitsstätten in der Bundesrepublik Deutschland nach der Zählung vom 13. 9. 1950", Statistik der Bundesrepublik Deutschland, Bd. 45; Sondererhebung des Ifo-Instituts; Statistische Jahrbücher des Deutschen Reichs bzw. der Bundesrepublik Deutschland.

Während vor dem zweiten Weltkrieg im Reichsgebiet von 1000 Einwohnern 11 im Großhandel arbeiteten, waren es 1959 fast 25.

2. Die Beschäftigten in den Hauptgruppen und Branchen des Großhandels

Besonders stark zugenommen, nämlich verdoppelt, haben sich die Beschäftigtenzahlen im Fertigwarengroßhandel (sowohl Konsumgüter

Tabelle 5

Entwicklung der Beschäftigten in den Hauptgruppen des Großhandels von 1950—1959

Hauptgruppe	1950	1952	1954	1956	1958	1959
			a) in 1000			
Ein- und Ausfuhrhandel	38	43	48	51	54	55
Ernährungsgroßhandel	249	284	307	350	370	395
Großhandel mit Rohstoffen und Halbwaren	180	205	234	276	300	321
Fertigwarengroßhandel	261	300	361	436	485	518
			b) 1950=100			
Ein- und Ausfuhrhandel	100	115	127	136	143	146
Ernährungsgroßhandel	100	113	122	140	149	160
Großhandel mit Rohstoffen und Halbwaren	100	113	131	154	166	175
Fertigwarengroßhandel	100	117	139	168	187	200

Quelle: „Die nichtlandwirtschaftlichen Arbeitsstätten in der Bundesrepublik Deutschland nach der Zählung vom 13. 9. 1950", Statistik der Bundesrepublik Deutschland, Bd. 45; Sondererhebung des Ifo-Instituts.

[5] Berechnet nach den Betriebszählungen des Statistischen Reichsamtes der Jahre 1925, 1933 und 1939. (Statistik des Deutschen Reichs, Bd. 413, 462—466; Statistisches Jahrbuch 1941/42.)

als auch Produktionsgüter). Relativ wenig vergrößerte sich die Zahl der Beschäftigten dagegen im Ein- und Ausfuhrhandel (um knapp die Hälfte).

Tabelle 6

Verteilung der im Großhandel beschäftigten Personen auf die Hauptgruppen im Reichs- bzw. Bundesgebiet
(in vH)

Hauptgruppe	1939	1950	1954	1959
Ein- und Ausfuhrhandel ..	4	5	5	4
Ernährungsgroßhandel	39	34	32	31
Großhandel mit Rohstoffen und Halbwaren	27	25	25	25
Fertigwarengroßhandel ...	30	36	38	40
Großhandel insgesamt	100	100	100	100

Quelle: „Nichtlandwirtschaftliche Arbeitsstättenzählung vom 17. 5. 1939", Statistik des Deutschen Reichs, Bd. 566—571; „Die nichtlandwirtschaftlichen Arbeitsstätten in der Bundesrepublik Deutschland nach der Zählung vom 13. 9. 1950", Statistik der Bundesrepublik Deutschland, Bd. 45; Sondererhebung des Ifo-Instituts.

Entwicklung der Beschäftigten in wichtigen Branchen des Großhandels von 1950 - 1959
Veränderung in vH

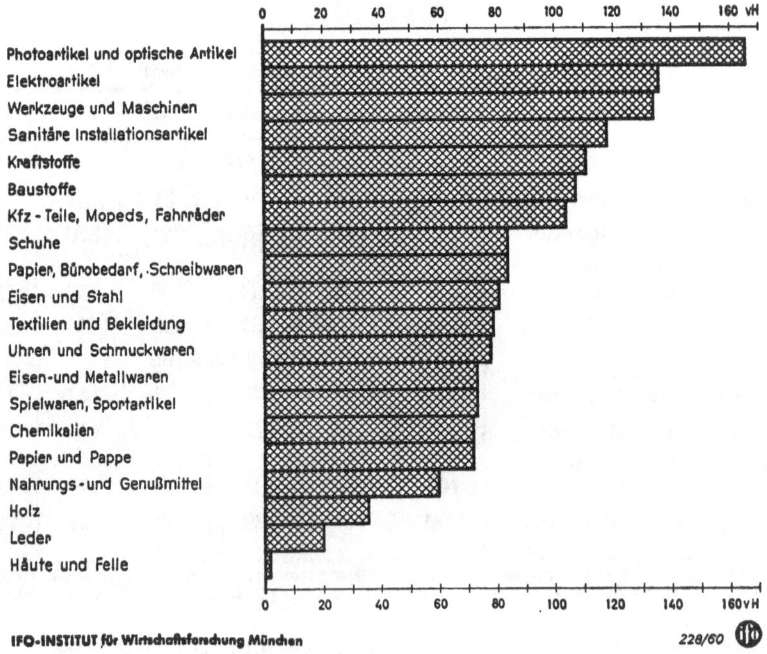

Schaubild 1

Vor dem zweiten Weltkrieg war der Ernährungsbereich die — an der Beschäftigtenzahl gemessen — stärkste Gruppe des Großhandels. In den Nachkriegsjahren hat der Fertigwarengroßhandel diese dominierende Rolle übernommen. Sein Anteil an der Beschäftigtenzahl im Großhandel hat laufend zugenommen. Konstant blieb das Gewicht des Großhandels mit Rohstoffen und Halbwaren.

Erhebliche Unterschiede in der Beschäftigtenzunahme sind auch zwischen den einzelnen Branchen festzustellen. Die größte Expansion im Zeitraum 1950 bis 1959 ergab sich im Großhandel mit Photoartikeln und optischen Artikeln, daneben im Elektrogroßhandel sowie im Großhandel mit Werkzeugen und Maschinen.

Tabelle 7

Entwicklung der Beschäftigten in ausgewählten Branchen des Binnengroßhandels von 1950—1959 (in 1000)

Branche	1950	1952	1954	1956	1958	1959
Nahrungs- u. Genußmittel	170,3	192,3	208,5	238,8	254,3	272,3
Textilien und Bekleidung	46,3	52,3	62,3	75,7	80,7	82,9
Schuhe	2,0	2,2	2,7	3,2	3,6	3,7
Papier, Bürobedarf, Schreibwaren	10,2	12,4	14,3	16,4	18,9	18,8
Eisen- und Metallwaren ..	31,5	34,3	38,9	44,9	51,1	54,6
Elektroartikel	22,7	28,4	35,5	42,6	50,2	53,5
Uhren und Schmuckwaren	2,4	2,8	3,5	3,9	4,0	4,2
Fotoartikel und optische Artikel	4,8	6,2	7,7	9,8	10,9	12,8
Spielwaren, Sportartikel ..	5,4	6,5	7,2	8,7	9,4	9,3
Kraftstoffe	17,6	20,2	24,7	29,7	35,0	37,2
Eisen und Stahl	19,1	21,0	25,3	30,1	32,1	34,4
Werkzeuge und Maschinen	38,3	47,6	57,2	72,6	79,4	89,6
Kfz-Teile, Mopeds, Fahrräder	16,2	18,7	22,1	25,9	29,8	33,1
Sanitäres Installations-material	6,6	7,9	9,9	11,8	13,0	14,5
Baustoffe	28,1	33,5	41,0	48,9	54,0	58,1
Holz	26,0	28,5	30,8	34,7	35,1	35,4
Papier und Pappe	7,0	8,3	8,6	10,4	11,1	12,0
Chemikalien	12,2	13,7	15,6	18,3	20,4	21,1
Häute und Felle	3,1	2,9	2,9	3,3	3,0	3,2
Leder	6,4	7,0	7,1	7,6	7,5	7,7

Quelle: „Die nichtlandwirtschaftlichen Arbeitsstätten in der Bundesrepublik Deutschland nach der Zählung vom 13. 9. 1950", Statistik der Bundesrepublik Deutschland, Bd. 45; Sondererhebung des Ifo-Instituts.

B. Umfang und Entwicklung der Halbtagsbeschäftigung

In den letzten Jahren hat die angespannte Arbeitsmarktsituation zu einer kräftigen Ausweitung der Halbtagsbeschäftigung geführt, insbesondere von Frauen, die nach ihrer Verheiratung aus dem Erwerbs-

Tabelle 8

Halbtagsbeschäftigung in den Hauptbereichen des Großhandels

Bereich	... vH der Firmen beschäftigten Halbtagskräfte		
	im Febr. 1957	im Febr. 1959	im Sept. 1960
Konsumgütergroßhandel ..	10	16	32
Rohstoff- und Produktionsverbindungshandel	7	10	35
Großhandel insgesamt	*9*	*12*	*33*

Quelle: Sondererhebungen des Ifo-Instituts im Rahmen des Konjunkturtests.

Tabelle 9

Halbtagsbeschäftigung in wichtigen Branchen des Großhandels im September 1960

Branche	In ... vH der Betriebe sind Halbtagsbeschäftigte tätig	Von den Arbeitnehmern sind ... vH halbtags tätig
Nahrungs- u. Genußmittel	30	1,6
Textilien und Bekleidung	30	2,4
Schuhe	39	2,1
Papier, Bürobedarf, Schreibwaren	23	2,8
Elektroartikel	40	1,8
Uhren und Schmuckwaren	33	5,6
Photoart. und opt. Artikel	62	4,2
Eisen und Stahl	34	0,8
Werkzeuge u. Maschinen ..	35	1,4
Kfz-Teile, Mopeds, Fahrräder	36	3,0
Sanitäres Installationsmaterial	34	1,2
Baustoffe	33	2,0
Holz	25	1,1
Papier und Pappe	32	4,1
Chemikalien	48	2,3
Häute und Felle	43	4,1
Leder	44	4,0

Quelle: Sondererhebung des Ifo-Instituts im Rahmen des Konjunkturtests.

leben ausgeschieden waren. Immer mehr Firmen gingen dazu über, den Mangel an Vollarbeitskräften auf diese Weise auszugleichen. Bei einer Befragung von Großhandelsfirmen durch das *Ifo-Institut* im Februar 1957 hatten nur 9 vH angegeben, regelmäßig Arbeitskräfte in Halbtagsarbeit zu beschäftigen. Im Februar 1959 antworteten schon 12 vH der Firmen auf diese Frage positiv. Überraschend stark war dann aber die Zunahme der Halbtagsbeschäftigung in den Jahren 1959 und 1960. Bei einer Umfrage im September 1960 hat genau ein Drittel der Großhandelsbetriebe angegeben, daß bei ihnen Halbtagsbeschäftigte tätig sind.

In jedem dritten Großhandelsbetrieb waren also im Herbst 1960 Halbtagsbeschäftigte tätig. Es handelt sich hierbei insgesamt um eine Zahl von knapp 25 000 Personen, das sind annähernd 2 vH aller im Großhandel beschäftigten Personen. Diese Quote schwankt allerdings von Branche zu Branche erheblich, wie der Tabelle 9 zu entnehmen ist.

C. Alter, Dienstverhältnis, Geschlecht und Ausbildung der Beschäftigten

1. Das Alter der Beschäftigten

a) Der Altersaufbau aller am Erwerbsleben beteiligten und der im Großhandel beschäftigten Personen

Über den Altersaufbau aller am Erwerbsleben beteiligten Personen liegen Ergebnisse der Volks- und Berufszählung von 1950 und Ergebnisse des Mikrozensus für 1957 und 1958 vor. Für den Großhandel wurden keine speziellen Erhebungsergebnisse veröffentlicht, so daß ein Vergleich mit dem Altersaufbau aller Erwerbstätigen und seiner Veränderung für den Zeitraum 1950 bis 1958 leider nicht möglich ist. Über die Altersstruktur der im Großhandel beschäftigten Personen hat das *Ifo-Institut* in den Jahren 1956 und 1959 Sondererhebungen im Kreise seiner Konjunkturtestfirmen durchgeführt[6]. Für die Erwerbstätigen insgesamt liegen allerdings für 1956 und bisher auch für 1959 keine Erhebungsergebnisse vor, so daß auch für diesen Zeitraum ein unmittelbarer Vergleich entfallen muß. Da aber das *Statistische Bundesamt*, aufbauend auf die Zählung von 1950, für 1955 den Altersaufbau aller Erwerbstätigen vorausrechnete, ist ein grober Vergleich in-

[6] Können diese Erhebungen nach strengen statistischen Gesichtspunkten auch nicht Anspruch auf ausreichende Repräsentation erheben, so dürften sie doch ein weitgehend richtiges Bild vom Altersaufbau der Beschäftigten geben, da der Berichtskreis sowohl regional als auch nach Firmengrößen gut gestreut ist und hierbei der tatsächlichen Struktur des Großhandels nahe kommt.

soweit möglich, als man die Ergebnisse des Großhandels für den Zeitraum 1956 bis 1959 den Gesamtergebnissen für den Zeitraum 1955 bis 1957 gegenüberstellen kann. Die den Vergleich beeinträchtigende zeitliche Verschiebung und die unterschiedliche Länge der Vergleichszeit muß man hierbei in Kauf nehmen. Ferner muß unterstellt werden, daß sich die für 1955 vorausberechnete Altersstruktur als einigermaßen zutreffend erwies, was nicht nachkontrollierbar ist. Für 1958 liegen zwar Ergebnisse des Mikrozensus vor, jedoch in einer völlig anderen Altersgliederung, so daß sie in den nachstehenden Vergleich nicht einbezogen werden können.

Tabelle 10

Die insgesamt am Erwerbsleben beteiligten und die im Großhandel beschäftigten Personen nach Altersgruppen (in vH)

Altersgruppe	Wirtschaft insgesamt 1)		Großhandel 2)	
	1955	1957	1956	1959
	a) Männer			
unter 18	8	24	10	10
18 — 25	16		20	21
25 — 35	21	21	23	23
35 — 45	17	17	18	17
45 — 60	29	30	23	23
über 60	9	8	6	7
alle	100	100	100	100
	b) Frauen			
unter 18	12	35	16	16
18 — 25	22		33	38
25 — 35	23	19	24	17
35 — 45	16	17	13	12
45 — 60	21	23	12	15
über 60	6	6	2	2
alle	100	100	100	100
	c) insgesamt			
unter 18	10	28	12	12
18 — 25	19		24	28
25 — 35	22	20	23	21
35 — 45	16	17	16	15
45 — 60	26	27	20	20
über 60	7	8	5	4
alle	100	100	100	100

Quelle: [1] Ergebnisse für 1955: Statistik der Bundesrepublik Deutschland, Bd. 36. Ergebnisse für 1957: Wirtschaft und Statistik, Heft 10/1959, Statistisches Bundesamt. — [2] Sondererhebungen des Ifo-Instituts im Rahmen des Konjunkturtests.

Aus der vorstehenden Tabelle geht deutlich hervor, daß im Großhandel anteilsmäßig mehr jüngere Kräfte beschäftigt sind als in der Wirtschaft insgesamt (Oktober 1957: 24,6 Mill.). Das ist u. a. durch die Art der Tätigkeit bedingt. Für Arbeiten im Lager, beim Warentransport etc. müssen zwangsläufig vorwiegend jüngere Kräfte eingesetzt werden. In der Administration ist wiederum der Anteil der Frauen sehr groß, deren Durchschnittsalter erheblich niedriger ist als das der Männer.

Im Durchschnitt des Großhandels liegt das am häufigsten vertretene Alter bei den Frauen zwischen 18 und 25 Jahren, bei den Männern dagegen zwischen 25 und 35 bzw. zwischen 45 und 60 Jahren.

Fast drei Viertel aller im Großhandel beschäftigten Frauen sind nicht älter als 35 Jahre gegenüber nur gut 50 vH der Männer. Berücksichtigt man, daß das Beschäftigungsverhältnis von Männern zu Frauen etwa 7 zu 3 ist, so ergibt sich, daß rd. 60 vH aller Beschäftigten jünger als 35 Jahre sind. Der Anteil der über 45 Jahre alten männlichen Personen ist mit rd. 30 vH etwa doppelt so groß wie der Anteil der dieser Altersgruppe angehörenden weiblichen Beschäftigten.

Im Großhandel trat von 1956 bis 1959 bei den Männern keine wesentliche Verschiebung in der Altersstruktur ein. Das gleiche gilt auch für die insgesamt am Erwerbsleben beteiligten männlichen Personen für den Zeitraum 1955 bis 1957. Von 1950 auf 1955 war allerdings eine gewisse „Verjüngung" der Altersstruktur der männlichen Personen eingetreten. Eine leichte Verschiebung nach unten erfuhr von 1956 auf 1959 die Altersstruktur der im Großhandel beschäftigten Frauen, obwohl in den oberen Altersgruppen die umgekehrte Entwicklung vorlag. Im Altersaufbau aller berufstätigen Frauen trat von 1955 auf 1957 eine leichte Verlagerung nach oben, d. h. zu den höheren Altersgruppen hin ein, womit die von 1950 auf 1955 eingetretene „Verjüngung" wieder rückgängig gemacht wurde. Betrachtet man die Veränderung des Altersaufbaues für Männer und Frauen zusammen, so ist auch hier festzustellen: Leichte „Verjüngung" im Großhandel, etwas stärkere Besetzung der höheren Altersklassen bei allen Erwerbstätigen.

b) Der Altersaufbau in den Hauptbereichen des Großhandels

Zwischen den beiden Bereichen Konsumgütergroßhandel und Rohstoff- und Produktionsverbindungshandel bestehen hinsichtlich des Altersaufbaues weder bei den Männern noch bei den Frauen erhebliche Unterschiede. Hieran hat sich auch in der Zeit von 1956 bis 1959 kaum etwas geändert. Dagegen ergaben sich innerhalb der beiden Großhandelsbereiche zum Teil bemerkenswerte Verschiebungen in der Altersstruktur, die jedoch vorwiegend die beschäftigten Frauen betreffen.

Bei den im Konsumgütergroßhandel tätigen Frauen hat die Altersgruppe 18 bis 25 Jahre von 1956 auf 1959 eine merkliche Verstärkung „auf Kosten" der nächsthöheren Gruppe erfahren. Der Anteil der

Frauen im Alter von 25 bis 35 Jahren blieb mit 70 vH unverändert. Bei den höheren Altersgruppen ergab sich eine Verschiebung nach oben in die Gruppe 45 bis 60 Jahre. Im Rohstoff- und Produktionsverbindungshandel trat ebenfalls eine gewisse „Verjüngung" ein, allerdings nicht so ausgeprägt wie im Konsumgütergroßhandel.

Bei den männlichen Beschäftigten konnte nur im Rohstoff- und Produktionsverbindungshandel eine „Verjüngung" der Altersstruktur festgestellt werden. Während hier 1956 51 vH jünger als 35 Jahre waren, lagen 1959 56 vH unter dieser Altersgrenze.

Tabelle 11

Die in den Bereichen Konsumgütergroßhandel und Rohstoff- und Produktionsverbindungshandel beschäftigten Personen nach Altersgruppen (in vH)

Branche	Jahr	Beschäftigte im Alter von ... unter 18 Jahren	18–25	25–35	35–45	45–60	über 60 Jahren	Alle Beschäftigten
		a) Männer						
Konsumgütergroßhandel	1956	10	21	23	17	23	6	100
	1959	10	21	22	17	23	7	100
Rohstoff- und Produktionsverbindungshandel	1956	10	18	23	20	23	6	100
	1959	10	22	24	18	22	4	100
		b) Frauen						
Konsumgütergroßhandel	1956	16	31	23	14	14	2	100
	1959	16	38	16	11	17	2	100
Rohstoff- und Produktionsverbindungshandel	1956	17	36	23	12	10	2	100
	1959	16	39	18	13	12	2	100
		c) Männer und Frauen						
Konsumgütergroßhandel	1956	12	25	23	16	19	5	100
	1959	13	28	19	15	20	5	100
Rohstoff- und Produktionsverbindungshandel	1956	12	22	23	18	20	5	100
	1959	12	27	22	17	19	3	100

Quelle: Sondererhebungen des Ifo-Instituts im Rahmen des Konjunkturtests.

c) Der Altersaufbau in wichtigen Großhandelsbranchen

In den einzelnen Großhandelsbranchen sind im Altersaufbau der beschäftigten Personen teilweise bemerkenswerte Unterschiede zu verzeichnen. Ein Vergleich der Erhebungsergebnisse von 1956 und 1959 zeigt, in welchen Branchen größere Verschiebungen eingetreten sind.

Innerhalb des *Konsumgütergroßhandels* hat sich die Altersstruktur der beschäftigten Personen (Männer und Frauen) von 1956 bis 1959 in den Fachzweigen Textilien und Bekleidung, Schuhe, Schreib- und

Papierwaren sowie Eisen- und Metallwaren „verjüngt“, dagegen ist in den Branchen Elektro- und Rundfunkartikel sowie Fotoapparate und -zubehör eine gewisse Verschiebung nach oben eingetreten. In den beiden Fachzweigen Nahrungs- und Genußmittel sowie Uhren und Schmuckwaren verlagerte sich der Altersschwerpunkt jeweils von der Gruppe 25—30 Jahre auf die Gruppe 18—25 Jahre.

Tabelle 12

Die in wichtigen Konsumgüterzweigen des Großhandels beschäftigten männlichen und weiblichen Personen nach Altersgruppen

(in vH)

Branche	Jahr	Beschäftigte im Alter von ... unter 18 Jahren	18–25 Jahren	25–35 Jahren	35–45 Jahren	45–60 Jahren	über 60 Jahren	Alle Beschäftigten
Nahrungs- und Genußmittel ...	1956	9	22	24	17	23	5	100
	1959	9	26	20	14	25	6	100
Textilien und Bekleidung	1956	15	27	20	16	18	5	100
	1959	18	33	15	11	19	4	100
Schuhe	1956	15	24	23	13	18	7	100
	1959	13	31	22	13	18	3	100
Papier, Bürobedarf, Schreibwaren	1956	14	24	20	15	22	5	100
	1959	16	26	24	15	15	4	100
Eisen- und Metallwaren	1956	13	26	24	17	15	5	100
	1959	14	30	20	16	16	4	100
Elektroartikel	1956	17	26	24	16	14	3	100
	1959	14	29	22	17	15	3	100
Uhren und Schmuckwaren .	1956	11	24	25	18	17	5	100
	1959	11	32	17	16	16	8	100
Fotoapparate und -zubehör	1956	20	33	21	10	14	2	100
	1959	15	33	21	14	14	3	100
Optische Artikel .	1956	15	28	24	14	17	2	100
	1959	15	26	20	16	19	4	100

Quelle: Sondererhebungen des Ifo-Instituts im Rahmen des Konjunkturtests.

Unterscheidet man die Altersstruktur der Beschäftigten in den Konsumgüterbranchen nach dem Geschlecht der Beschäftigten, kann man folgende Feststellungen treffen:

In den Fachzweigen Textilien und Bekleidung, Schuhe, Uhren und Schmuckwaren, Fotoapparate und -zubehör sowie optische Artikel hat der Anteil der älteren *männlichen* Kräfte (über 35 Jahre) deutlich zugenommen. Bemerkenswert ist vor allem die anteilsmäßig starke Zunahme der über 60 Jahre alten männlichen Beschäftigten in den Fachzweigen Uhren und Schmuckwaren sowie optische Artikel. Demgegenüber waren 1959 die männlichen Arbeitnehmer des Papier- und Schreibwarengroßhandels im Durchschnitt jünger als 1956.

Ähnliche Verschiebungen im Altersaufbau bei den männlichen Arbeitskräften der Konsumgüterbranchen des Großhandels ergaben sich auch bei den *weiblichen* Personen.

Auch in den einzelnen Branchen des *Rohstoff- und Produktionsverbindungshandels* traten von 1956 auf 1959 teilweise bemerkenswerte Verschiebungen im Altersaufbau der Beschäftigten ein. Fast überall hat sich die Altersstruktur aller Arbeitnehmer (Männer und Frauen) „verjüngt". Ganz deutlich war dies in den Sparten Werkzeuge und Maschinen, Sanitäres Installationsmaterial, Baustoffe, Holz sowie Papier und Pappe der Fall.

Tabelle 13

Die in wichtigen Rohstoff- und Produktionsgüterzweigen des Großhandels beschäftigten männlichen und weiblichen Personen nach Altersgruppen

(in vH)

Branche	Jahr	Beschäftigte im Alter von .... unter 18	18–25	25–35	35–45	45–60	über 60 Jahren	Alle Beschäftigten
Eisen und Stahl ..	1956	11	25	25	17	18	4	100
	1959	11	26	24	18	18	3	100
Werkzeuge und Maschinen	1956	14	25	25	17	15	4	100
	1959	16	29	23	14	15	3	100
Kfz-Ersatzteile, Mopeds, Fahrräder	1956	20	22	21	18	15	4	100
	1959	20	24	20	14	19	3	100
Elektr. Installationsmaterial .	1956	16	29	22	16	14	3	100
	1959	14	28	26	17	13	2	100
Sanitäres Installationsmaterial .	1956	14	25	22	17	18	4	100
	1959	13	27	25	15	18	2	100
Baustoffe	1956	9	21	23	21	21	5	100
	1959	9	24	24	18	22	3	100
Holz	1956	6	15	21	21	30	7	100
	1959	6	21	21	18	28	6	100
Papier und Pappe	1956	10	22	22	16	23	7	100
	1959	13	23	22	18	19	5	100
Chemikalien	1956	13	26	23	17	18	3	100
	1959	10	27	22	18	19	4	100
Häute und Felle ..	1956	9	19	25	10	29	8	100
	1959	11	20	23	20	21	5	100
Leder	1956	15	10	23	14	31	7	100
	1959	8	24	20	19	22	7	100

Quelle: Sondererhebungen des Ifo-Instituts im Rahmen des Konjunkturtests.

Das Durchschnittsalter der weiblichen Beschäftigten liegt in allen erfaßten Rohstoff- und Produktionsgüterzweigen unter dem Altersdurchschnitt der männlichen Arbeitskräfte. Im Gegensatz zu den männlichen Beschäftigten hat sich von 1956 auf 1959 die Altersstruktur der *weib-*

lichen Kräfte in den meisten Branchen jedoch nach oben verschoben, d. h. der Anteil der zu den höheren Altersgruppen zu zählenden Frauen nahm zu. Eine eindeutige Gewichtsverschiebung im Altersaufbau nach oben erfolgte in den Branchen Eisen und Stahl, Elektrisches Installationsmaterial sowie Chemikalien. In den Fachzweigen Werkzeuge und Maschinen, Sanitäres Installationsmaterial sowie Baustoffe nahm der Anteil der über 35jährigen Frauen leicht zu. In den Branchen Kfz-Ersatzteile, Holz sowie Papier und Pappe hat sich der Altersaufbau der weiblichen Beschäftigten dagegen merklich verjüngt.

Die Altersgliederung der *männlichen* Kräfte im Rohstoff- und Produktionsverbindungshandel hat sich in fast allen Fachzweigen nach unten, d. h. zu den jüngeren Altersgruppen hin verschoben. Nur im Eisen- und Stahlhandel traten keine wesentlichen Verlagerungen ein.

2. Das Dienstverhältnis der abhängig Beschäftigten

Durch eine Sondererhebung des *Ifo-Instituts* im Kreise seiner Konjunkturtestfirmen Mitte 1959 wurde die Art des Dienstverhältnisses der im Großhandel beschäftigten Personen ermittelt.

Den größten Anteil an der Gesamtzahl der im Großhandel beschäftigten Personen haben mit über 50 vH die Angestellten. Im Rohstoff- und Produktionsverbindungshandel ist der Anteil der Arbeiter naturgemäß erheblich größer als im Konsumgütergroßhandel, da hier ein größerer Teil der Arbeiten auf Transport, Lagerung, Bearbeitung etc. entfällt. Das gilt besonders für die Fachzweige Holz, Baustoffe, Papier und Pappe sowie Häute und Felle. Im Konsumgütergroßhandel fällt der hohe Anteil der Arbeiter im Nahrungs- und Genußmittelgroßhandel auf. Der Anteil der Lehrlinge weist im allgemeinen keine allzu großen Schwankungen auf. Er ist im Holzgroßhandel am niedrigsten, im Großhandel mit Kfz-Ersatzteilen am höchsten.

Vergleicht man hinsichtlich des Dienstverhältnisses die Ergebnisse der Sondererhebung im Jahre 1959 mit entsprechenden Ergebnissen der Arbeitsstättenzählung von 1950, so zeigen sich teilweise nicht unerhebliche Verschiebungen.

Im Großhandel insgesamt hat sich der Anteil der Angestellten und der Lehrlinge von 1950 auf 1959 etwas erhöht, der Anteil der Arbeiter ging entsprechend zurück. Die Verschiebung zugunsten der Angestellten entspricht dem allgemeinen Trend in der westdeutschen Wirtschaft[7]. Innerhalb des Großhandels war die Entwicklung jedoch sehr unterschiedlich. So blieb im Konsumgütergroßhandel insgesamt die Struktur

[7] Bei allen Erwerbstätigen hat sich das Verhältnis der Angestellten (einschließlich Beamten) zu den Arbeitern von 28 : 72 im Jahre 1950 auf 33 : 67 im Jahre 1957 verschoben. Das ergibt sich aus den Ergebnissen der Arbeitsstättenzählung von 1950 und den Ergebnissen des Mikrozensus für 1957.

der Arbeitnehmer nach ihrer Stellung im Betrieb unverändert, während im Rohstoff- und Produktionsverbindungshandel der Anteil der Angestellten merklich zunahm. In den einzelnen Branchen ergaben sich wiederum Verschiebungen, die erheblich von der Entwicklung in den Hauptbereichen abweichen. Im Konsumgüterbereich fällt die anteilsmäßig kräftige Zunahme der Arbeiter im Nahrungs- und Genußmittelgroßhandel sowie im Schreib- und Papierwarengroßhandel auf. Hieraus

Tabelle 14

Dienstverhältnis der im Großhandel beschäftigten Personen in den Jahren 1950 a) und 1959 b) (in vH)

Bereich bzw. Branche	Angestellte		Arbeiter		Lehrlinge	
	1950	1959	1950	1959	1950	1959
Konsumgütergroßhandel ..	*56*	*56*	*31*	*31*	*13*	*13*
Nahrungs- und Genußmittel	52	48	36	43	12	9
Textilien und Bekleidung ..	63	67	22	18	15	15
Schuhe	66	66	19	18	15	16
Papier, Bürobedarf und Schreibwaren	59	54	26	30	15	16
Eisen und Metallwaren ...	60	59	24	25	16	16
Rohstoff- und Produktionsverbindungshandel	*46*	*49*	*44*	*40*	*10*	*11*
Eisen und Stahl	57	56	34	34	9	10
Werkzeuge und Maschinen	42	51	40	31	18	18
Kfz-Ersatzteile	51	61	33	19	16	20
Sanitäres Installationsmaterial	61	57	28	28	11	15
Baustoffe	35	44	57	48	8	8
Holz	32	26	62	69	6	5
Papier und Pappe	54	42	33	47	13	11
Chemikalien	64	54	26	38	10	8
Häute und Felle	42	28	54	63	4	11
Leder	61	61	24	27	15	12
Großhandel insgesamt	50	52	40	35	10	13

Quelle: a) „Die nichtlandwirtschaftlichen Arbeitsstätten nach der Zählung vom 13. 9. 1950", Statistik der Bundesrepublik Deutschland, Band 45. — b) Sondererhebung des Ifo-Instituts im Rahmen des Konjunkturtests.

läßt sich schließen, daß sich in diesen Branchen Tätigkeiten verstärkt haben, die vorwiegend von Arbeitern ausgeführt werden (z. B. Be- und Verarbeitung, Transport, Lagerhaltung). Auch innerhalb des Rohstoff- und Produktionsverbindungshandels hat sich der Anteil der Arbeiter in einigen Fachzweigen — entgegen der allgemeinen Tendenz — erhöht (Holz, Papier und Pappe, Chemikalien, Häute und Felle, Leder).

3. Zahl und Entwicklung der weiblichen Beschäftigten

Der Mangel vor allem an männlichen Arbeitskräften veranlaßte den Handel, insbesondere auch den Großhandel, in zunehmendem Maße Frauen einzustellen. Amtliche statistische Daten über die Frauenarbeit liegen für den Großhandel leider nicht vor. Im Handel insgesamt ist der Anteil der weiblichen Beschäftigten an den Gesamtbeschäftigten in den zurückliegenden Jahren erheblich stärker gestiegen als in der Gesamtwirtschaft.

Tabelle 15

Anteil der weiblichen Arbeitnehmer an der Gesamtzahl der beschäftigten Arbeitnehmer

(in vH)

Jahr	Gesamtwirtschaft	Handel und Handelshilfsgewerbe
1951	31	49
1954	32	52
1955	33	53
1956	33	54
1957	34	55
1958	34	55
1959	34	56

Quelle: Amtliche Nachrichten der Bundesanstalt für Arbeitsvermittlung und Arbeitslosenversicherung, Nürnberg.

Von 1951 bis 1959 hat sich die Zahl der weiblichen Beschäftigten im Handel mehr als verdoppelt; die Gesamtzahl der erwerbstätigen Frauen nahm demgegenüber nur um gut 50 vH zu. Der Anteil der weiblichen Beschäftigten im Großhandel dürfte in diesem Zeitraum erheblich stärker zugenommen haben als im Handel insgesamt. Das ist u. a. deshalb anzunehmen, weil — nach Ergebnissen von Sondererhebungen des *Ifo-Instituts* — in den Jahren 1956 und 1959 der Anteil der Frauen im Durchschnitt der wichtigsten Fachzweige von 31 vH auf 37 vH gestiegen ist. Im Jahre 1950 hatte der Anteil nach den Ergebnissen der Arbeitsstättenzählung erst 28 vH betragen.

Im einzelnen hat sich der Anteil der weiblichen Beschäftigten an der Gesamtzahl der Beschäftigten in den in die Erhebungen des *Ifo-Instituts* einbezogenen wichtigen Großhandelsbranchen von 1956 auf 1959 wie folgt verändert:

Tabelle 16

Anteil der weiblichen Beschäftigten an den Beschäftigten insgesamt im Großhandel
(in vH)

Bereich bzw. Branche	1956	1959
Konsumgütergroßhandel	*39*	*46*
Nahrungs- und Genußmittel ..	43	49
Textilien und Bekleidung	43	58
Schuhe	35	40
Papier, Bürobedarf und Schreibwaren	43	48
Eisen- und Metallwaren	26	29
Elektro- und Rundfunkartikel	30	30
Rohstoff- und Produktionsverbindungshandel	*22*	*25*
Eisen und Stahl	24	31
Werkzeuge und Maschinen ...	22	22
Kfz-Ersatzteile	24	27
Sanitäres Installationsmaterial	24	23
Baustoffe	16	20
Holz	12	12
Papier und Pappe	32	39
Chemikalien	38	42
Häute und Felle	12	17
Leder	31	30
Großhandel insgesamt	*31*	*37*

Quelle: Sondererhebung des Ifo-Instituts im Rahmen des Konjunkturtests.

Zusammenfassend läßt sich sagen, daß

a) im Konsumgütergroßhandel anteilsmäßig erheblich mehr Frauen beschäftigt sind als im Rohstoff- und Produktionsverbindungshandel,

b) in beiden Bereichen der Anteil der weiblichen Personen an den Beschäftigten insgesamt von 1956 auf 1959 merklich zugenommen hat,

c) diese Zunahme im Konsumgütergroßhandel erheblich stärker war als im Rohstoff- und Produktionsverbindungshandel.

Am stärksten hat die anteilsmäßige Beschäftigung von Frauen im Textil- und Bekleidungsgroßhandel zugenommen. Bemerkenswerterweise erhöhte sich der Anteil der Frauenarbeit jedoch auch in vielen Branchen des Produktionsgütergroßhandels beträchtlich, erstaunlicherweise auch in solchen Zweigen, in denen die körperliche Arbeit eine größere Rolle spielt, so in den Branchen Eisen und Stahl, Baustoffe, Papier und Pappe sowie Häute und Felle.

4. Die Ausbildung der Beschäftigten

Zur Ergänzung des Beschäftigtenbildes im Großhandel erscheint es nicht uninteressant, einen Blick auf die Ausbildung der Arbeitnehmer zu werfen. Die Ausbildungsstruktur gibt eine Vorstellung davon, welche Anforderungen im Großhandel an die Vorbildung der Beschäftigten gestellt werden und in welche Richtung der Bedarf hinsichtlich der Ausbildung hauptsächlich geht.

Das *Ifo-Institut* hat in zwei Sondererhebungen im Kreise seiner Konjunkturtestteilnehmer Mitte 1956 und Ende 1959 die Ausbildungsstruktur in wichtigen Großhandelsbranchen festgestellt. Ein Vergleich der für beide Jahre vorliegenden Ergebnisse zeigt teilweise erhebliche Verschiebungen.

Tabelle 17

Ausbildung der Beschäftigten im Großhandel

(in vH)

Bereich	Jahr	Von den Beschäftigten hatten .... vH folgende Ausbildung						
		Volksschule		Mittel- bzw. Handelsschule		Abitur		Abgeschlossene Hochschule
		ohne Lehre	mit Lehre	ohne Lehre	mit Lehre	ohne Lehre	mit Lehre	
Konsumgütergroßhandel	1956	30	43	6	18	1	1	1
	1959	26	52	5	15	—	1	1
Rohstoff- u. Produktionsverbindungshandel ...	1956	31	45	5	16	1	1	1
	1959	27	43	8	19	1	1	1
Großhandel insgesamt	1956	*30*	*44*	*6*	*17*	*1*	*1*	*1*
	1959	*26*	*48*	*6*	*17*	*1*	*1*	*1*

Quelle: Sondererhebungen des Ifo-Instituts im Rahmen des Konjunkturtests.

Der größte Teil der Beschäftigten hat anschließend an die Volksschule eine Lehre absolviert. Die Kräfte, die nach der Volksschule keine Lehre mehr durchlaufen haben, dürften vorwiegend mit Hilfsarbeiten und Anlernarbeiten beschäftigt sein. Ihr Anteil ist naturgemäß in einigen Produktionsgüterzweigen (Eisen und Stahl, Holz, Baustoffe, Häute und Felle etc.) relativ am größten.

Von den — anteilsmäßig weniger ins Gewicht fallenden — Absolventen einer Mittel- bzw. Handelsschule wurde überwiegend eine Lehre durchlaufen. Abiturienten und akademisch ausgebildete Kräfte werden im Großhandel nur in sehr geringem Umfange beschäftigt.

Von 1956 auf 1959 ergab sich insofern eine bemerkenswerte Verschiebung in der Ausbildungsstruktur, als die Volksschulabsolventen ohne Lehre anteilsmäßig deutlich abnahmen. Der Anteil der Volksschüler mit Lehre hat sich im Konsumgütergroßhandel erheblich vergrößert. Hier nahmen die „Volksschüler mit Lehre" auch auf Kosten der „Mittelschul-Absolventen" zu. Im Durchschnitt des Rohstoff- und Produktionsverbindungshandels ging der Anteil der Volksschulabsolventen sowohl ohne als auch mit Lehre — zugunsten einer anteilsmäßigen Zunahme der „Mittel- und Handelsschul-Absolventen" — zurück. In den einzelnen Fachzweigen wich die Entwicklung von diesem allgemeinen Trend vielfach ab.

Insgesamt ist festzustellen, daß sich die Qualifikation der Beschäftigten im Großhandel von der Ausbildung her gesehen von 1956 auf 1959 verbessert hat, eine Entwicklung, die wiederum der Tendenz in der gesamten Wirtschaft entspricht. Auffallend ist die nach wie vor sehr geringe Beschäftigung von Absolventen höherer Schulen. Bemühungen um eine Heranbildung qualifizierten Nachwuchses sollten dieses Manko berücksichtigen. Im Großhandel dürfte es genügend Stellungen geben, die auch Abiturienten gute Aufstiegsmöglichkeiten bieten und für diese daher attraktiv sein können.

Der Anteil derjenigen Beschäftigten, die eine Ausbildung in Fachschulen, Kursen und Lehrgängen erfuhren, ist überraschend klein. Das zeigt deutlich, daß auf diesem wichtigen Gebiet der Ausbildung bisher viel zu wenig getan wurde. Gerade die Fachausbildung spielt auch im Großhandel eine bedeutende Rolle. Die Lehre ist sicherlich hierbei ein wichtiger Weg. Sie dürfte jedoch angesichts der raschen technischen Entwicklung in vielen Bereichen, den Wandlungen in der Durchführung von Verwaltungsarbeiten etc. kaum mehr ausreichen, um die Arbeitnehmer „up to date" zu halten. Eine Vertiefung und Erweiterung des beruflichen Wissens durch Kurse, Lehrgänge usw. erscheint unerläßlich. Auf diese Weise sollten besonders auch jene Kräfte geschult werden, die keine reguläre Lehre absolviert haben.

III. Der Arbeitskräftefehlbestand des Großhandels

Eine Umfrage des *Ifo-Instituts* im Kreise seiner Berichtsfirmen hat bestätigt, daß die Firmen des Großhandels einen beachtlichen ungedeckten Bedarf an Arbeitskräften haben.

Auf die Frage, ob sie „im bisherigen Verlauf dieses Jahres“ ihren „Bedarf an Arbeitskräften voll decken“ konnten, antworteten Ende September 1960 von den in die Erhebung einbezogenen 1200 Firmen des Großhandels 37 vH mit „Nein“. Aus dem Rohstoff- und Produktionsverbindungshandel waren die Meldungen über Arbeitskräftemangel zahlreicher als aus dem Konsumgütergroßhandel.

Da das *Ifo-Institut* schon Anfang 1956 — also ebenfalls in einer Zeit konjunktureller Aufwärtsentwicklung — die Firmen gefragt hatte, ob sie genug Arbeitskräfte bekommen konnten, ergeben sich interessante Vergleichsmöglichkeiten. Anfang 1956 hatten diese Frage nur 14 vH mit „Nein“ beantwortet. Schon damals machte sich der Arbeitskräftemangel im Produktionsverbindungshandel erheblich empfindlicher bemerkbar als im Konsumgüterbereich. In beiden Bereichen haben jedoch die Meldungen über Arbeitskräftemangel bei der Ende 1960 durchgeführten Erhebung stark zugenommen, im Konsumgütergroßhandel sogar um gut das Vierfache.

Tabelle 18

Arbeitskräftemangel im Großhandel

Bereich	Ihren Bedarf an Arbeitskräften konnten jeweils seit Jahresbeginn ... vH der Firmen *nicht decken*	
	Mai 1956	Sept. 1960
Konsumgütergroßhandel	8	33
Rohstoff- und Produktionsverbindungshandel	22	44
Großhandel insgesamt	*14*	*37*

Quelle: Sondererhebungen des Ifo-Instituts im Rahmen des Konjunkturtests.

Besonders häufig (von mehr als der Hälfte der Firmen) kamen im September 1960 Klagen über Arbeitskräftemangel aus den Fachzweigen:

Häute und Felle,
Photoartikel und optische Artikel,
Papier, Bürobedarf, Schreibwaren,
Chemikalien.

Eine ähnliche Erhebung führt das *Ifo-Institut* in regelmäßigen Abständen für die Industrie durch. Hier wird nach der Behinderung der Produktion durch Arbeitskräftemangel gefragt. Ende Juli 1960 — dem letzten Befragungszeitpunkt — berichteten fast zwei Drittel der Firmen über fehlende Arbeitskräfte.

Tabelle 19

Behinderung der Produktion durch Arbeitskräftemangel in der Industrie

(jeweils Ende Juli)

Bereich	Über die Behinderung der Produktion durch Arbeitermangel berichteten ... vH der Firmen		
	1956	1959	1960
Grundstoff- und Produktionsgüterindustrie[a])	14	27	40
Investitionsgüterindustrie	18	40	66
Verbrauchsgüterindustrie	25	54	65
Industrie insgesamt	*20*	*42*	*62*

Quelle: Sondererhebungen des Ifo-Instituts im Rahmen des Konjunkturtests.
a) Ohne eisenschaffende Industrie, chemische Industrie und NE-Metallindustrie.

Klagen über Arbeitskräftemangel sind also in der Industrie noch häufiger anzutreffen als im Großhandel.

Die konkrete Frage nach der Zahl der *zusätzlich benötigten Personen* ergab, daß bei den sich an der Umfrage beteiligenden Großhandelsfirmen der Arbeitskräftefehlbestand im Durchschnitt gut 5 vH der zu diesem Zeitpunkt beschäftigten Personen ausmachte. Unterstellt man, daß für den gesamten Großhandel das selbe Verhältnis gilt, so kommt man auf eine Zahl von rd. 66 000 zusätzlich benötigten Personen[8].

Tabelle 20

Arbeitskräftefehlbestand in den Hauptgruppen des Großhandels in vH der Ende September 1960 beschäftigten Personen

Konsumgütergroßhandel	4,7
Rohstoff- und Produktionsverbindungshandel	5,7
Großhandel insgesamt	*5,1*
darunter:	
Einfuhrhandel	4,8

Quelle: Sondererhebung des Ifo-Instituts im Rahmen des Konjunkturtests.

[8] Es muß bei diesen Ergebnissen die Einschränkung gemacht werden, daß nicht festgestellt werden konnte, ob es sich hierbei in voller Höhe um „echten" Bedarf gehandelt hat oder ob in diesen Zahlen auch vorsorgliche Nennungen im Hinblick auf späteren Bedarf enthalten waren.

Tabelle 21

Arbeitskräftemangel im Großhandel
nach Betriebsgrößenklassen
(September 1959)

Betriebe mit ... Beschäftigten	Ihren Bedarf an Arbeitskräften konnten ... vH der Firmen nicht voll decken	Arbeitskräftefehlbestand in vH der beschäftigten Personen
1 — 4	30	15,5
5 — 9	35	10,3
10 — 19	45	7,1
20 und mehr	48	3,8

Quelle: Sondererhebung des Ifo-Instituts im Rahmen des Konjunkturtests.

Tabelle 22

Höhe und Art des Arbeitskräftefehlbestandes in den Branchen des Binnengroßhandels

Branche	Arbeitskräftefehlbestand in vH der beschäftigten Personen	davon .... vH		
		kaufm. Angest.	Arbeiter	Lehrlinge
Nahrungs- und Genußmittel	4,0	53	20	27
Textilien und Bekleidung ..	6,7	38	48	14
Schuhe	3,5	73	7	20
Papier, Bürobedarf, Schreibwaren	5,9	51	21	28
Elektroartikel	3,8	57	23	20
Eisen und Metallwaren	3,7	49	33	18
Uhren und Schmuckwaren	17,9	81	5	14
Photoartikel und optische Artikel	11,5	67	16	17
Eisen und Stahl	2,4	49	43	8
Werkzeuge und Maschinen	4,9	59	25	16
Kfz-Teile, Fahrräder, Mopeds	8,0	65	13	22
Sanitäres Installationsmaterial	3,6	48	24	28
Baustoffe	6,5	41	47	12
Holz	7,4	20	69	11
Papier und Pappe	6,7	44	41	15
Chemikalien	6,2	34	47	19
Häute und Felle	11,7	—	100	—
Leder	5,2	70	10	20

Quelle: Sondererhebung des Ifo-Instituts im Rahmen des Konjunkturtests.

Auch Tabelle 20 zeigt, daß der Arbeitskräftemangel derzeit im Produktionsverbindungshandel im Durchschnitt etwas größer ist als im Konsumgütergroßhandel, was vorwiegend auf die Fachzweige Kfz-Teile, Mopeds und Fahrräder, Holz, Baustoffe sowie Häute und Felle zurückzuführen ist. Im Konsumgütergroßhandel haben die Fachzweige Uhren und Schmuckwaren sowie Photoartikel und optische Artikel überdurchschnittlich hohe Fehlquoten.

Tabelle 23

Aufgliederung des Arbeitskräftefehlbestandes nach Tätigkeitsgruppen in den Hauptbereichen des Großhandels

(in vH)

Beruf bzw. Tätigkeit	Konsumgütergroßhandel	Rohstoff- und Produktionsverbindungshandel	*Großhandel insgesamt*	darunter: Einfuhrhandel
Kaufm. Angestellte				
Stenotypistinnen bzw. Fakturistinnen	7	14	*10*	7
Korrespondenten	2	3	*2*	4
Buchhaltungskräfte	5	3	*4*	3
Hilfskräfte in Verkauf und Lager	18	13	*15*	3
Reisende	8	6	*7*	4
Verkäufer	11	7	*10*	4
Sonstige	—	1	*0*	—
Arbeiter				
Lagerarbeiter	13	25	*20*	65
Kraftfahrer	7	8	*7*	3
Fachkräfte	6	5	*6*	1
Lehrlinge	23	15	*19*	6
Fehlende Kräfte insges.	100	100	*100*	100

Quelle: Sondererhebung des Ifo-Instituts im Rahmen des Konjunkturtests.

Aufschlußreich war die Auswertung der Erhebungsergebnisse für die verschiedenen Betriebsgrößenklassen. Es zeigte sich, daß die größeren Betriebe ihren Arbeitskräftebedarf häufiger *nicht* decken konnten als die kleineren, daß aber die Arbeitskräftefehlquote (gemessen an den tatsächlich beschäftigten Personen) tendenziell um so größer ist, je kleiner der Betrieb ist. (Vgl. Tabelle 21.)

Das *Ifo-Institut* hat im Rahmen dieser Erhebung auch festzustellen versucht, welche Arbeitskräfte zur Zeit besonders gefragt sind. Im Durchschnitt des Großhandels verteilt sich der Fehlbestand zu 50 vH auf kaufmännische Angestellte, zu 31 vH auf Arbeiter und zu 19 vH auf Lehrlinge. (Vgl. Tabelle 22.)

Gliedert man die vom Großhandel zusätzlich benötigten Arbeitskräfte weiter nach der Art der Tätigkeit auf, so zeigt sich, daß der größte Engpaß zur Zeit in der Beschaffung von Lagerarbeitern liegt. Bei den kaufmännischen Angestellten ist die Nachfrage nach Hilfskräften in Verkauf und Lager besonders groß. (Vgl. Tabelle 23.)

Auffallend ist der relativ hohe Zusatzbedarf an Lagerarbeitern im Einfuhrhandel. Dieser Anteilssatz ist naturgemäß auch im Produktionsgüterhandel höher als im Konsumgütergroßhandel. Bei den Fachkräften handelt es sich meist um Personen mit handwerklichem Beruf, also etwa um Näherinnen im Textilgroßhandel, Rundfunk- und Fernsehtechniker und Monteure im Elektrogroßhandel oder Schlosser im Werkzeug- und Maschinengroßhandel (vgl. Tab. 1 im Anhang).

IV. Die möglichen Ursachen des Personalmangels im Großhandel

In der vollbeschäftigten westdeutschen Wirtschaft besteht derzeit in allen Bereichen Arbeitskräftemangel. Insbesondere in vielen Industriezweigen ist er ausschließlich konjunkturell bedingt, während im Großhandel schon seit vielen Jahren ein chronischer, struktureller Personalmangel zu beobachten ist, der sich mit zunehmender konjunktureller Kräfteverknappung noch verstärkt hat.

In dieser Untersuchung interessiert in erster Linie der strukturelle Arbeitskräftemangel. Es stellen sich in diesem Zusammenhang folgende Fragen:

a) Wo liegen die Ursachen für den chronischen Arbeitskräftemangel im Großhandel?

b) Üben andere Wirtschaftsbereiche eine größere Anziehungskraft aus als der Großhandel und, falls ja, aus welchen Gründen?

Auf diese beiden Fragen erhält man Antwort, wenn man die verschiedenen Bedingungen untersucht, unter denen Angestellte und Arbeiter im Großhandel und in anderen — mit dem Großhandel um die Arbeitskräfte konkurrierenden — Wirtschaftsbereichen tätig sind. Bedingungen, die für die Wahl des Arbeitsplatzes eine Rolle spielen, können sein:

* Lohn- und Gehaltsniveau,
* soziale Leistungen,
* Arbeitszeit und Urlaubsregelung,
* Art der Tätigkeit (physische und psychische Beanspruchung)
* Bewertung der Tätigkeit durch die Öffentlichkeit, also gewisse Geltungs- und Prestigefaktoren und andere.

A. Das Lohn- und Gehaltsniveau

Am stärksten wird die Entscheidung des Arbeitnehmers in der Wahl des Arbeitsplatzes wohl von der Lohn- bzw. Gehaltshöhe beeinflußt. Die Löhne und Gehälter setzen sich zusammen aus dem tariflichen Entgelt (Mindestentlohnung) und übertariflichen, freiwilligen Zahlungen. Obwohl heute in allen Wirtschaftsbereichen und — wie später zu zeigen sein wird — auch im Großhandel die übertarifliche Entlohnung weit verbreitet ist, wird die Höhe der Entlohnung in den einzelnen Wirtschaftsbereichen vom Arbeitnehmer in der Regel an den allgemein bekannten Tarifsätzen gemessen und nicht an den individuell zu vereinbarenden und damit anonymen übertariflichen Zahlungen.

1. Tarifliche Gehalts- und Lohnregelungen im Großhandel

Die tariflichen Lohnsätze und Gehälter für die Arbeiter und Angestellten des Großhandels im Bundesgebiet sind nicht einheitlich, sondern je nach Bundesland gesondert geregelt. Tarifpartner sind auf der einen Seite die Landesverbände der *Deutschen Angestelltengewerkschaft* (DAG), die Bezirksleitungen oder Landesleitungen der *Gewerkschaft Handel, Banken und Versicherungen,* in einzelnen Fällen auch die *Gewerkschaft Öffentliche Dienste, Transport und Verkehr* sowie der *Deutsche Handels- und Industrie-Angestelltenverband* und auf der anderen Seite die einzelnen *Landesverbände, teilweise auch die Bezirksverbände des Großhandels.* In Nordrhein-Westfalen z. B. liegt die Tarifhoheit bei 13 regional aufgegliederten Arbeitgeberverbänden für den allgemeinen Großhandel, 5 Arbeitgeberverbänden für den Obst-, Gemüse- und Südfrüchtehandel und einem Arbeitgeberverband für den genossenschaftlichen Großhandel. Sie alle führen eigene Tarifverhandlungen und schließen spezielle Tarifverträge ab, die aber erklärlicherweise bis auf kleine Abweichungen aneinander angeglichen sind. In verschiedenen anderen Bundesländern existieren für den Nahrungs- und Genußmittelgroßhandel eigene Tarifverträge, deren Sätze durchweg etwas unter denen für den übrigen Großhandel liegen. Die Tarifsätze für den Großhandel in den räumlichen Geltungsbereichen der Bundesrepublik sind in Tabelle 2 im Anhang zusammengestellt. Lediglich im Stadtstaat Bremen wurde für den Groß- und Außenhandel kein Tarifvertrag abgeschlossen.

Die Übersicht über die derzeit geltenden tariflichen Angestelltengehälter im Großhandel — sie sind lediglich für Ortsklasse I zusammengestellt — zeigt, daß das Gehaltsniveau in regionaler Hinsicht doch erhebliche Unterschiede aufweist. Man muß allerdings bei Vergleichen der Monatsgehälter auch die teilweise unterschiedliche Tarifgruppen-Einteilung bzw. die abweichende Definition der Tätigkeits-Merkmale mit berücksichtigen. Gerade in den unteren Gehaltsgruppen sind die Tätigkeits-Merkmale aber weitgehend vergleichbar (I bis III); für die überwiegende Mehrzahl (drei Viertel bis vier Fünftel) aller Angestellten dürften die Tarifgruppen II und III maßgebend sein. Der Arbeitgeberverband Groß- und Außenhandel Hamburg e. V. hat im Jahre

1959 folgende Aufteilung der männlichen und weiblichen Angestellten im Hamburger Groß- und Außenhandel auf die einzelnen Tarifgruppen ermittelt:

	Außenhandel	Binnengroßhandel
Männliche Angestellte		
Gruppe I (schematische Arbeiten)	3,4 vH	2,6 vH
II (unselbständige kaufm. Tätigkeiten)	23,4 vH	25,4 vH
III (Sachbearbeiter)	51,6 vH	52,3 vH
IV (leitende Angestellte)	21,6 vH	19,7 vH
Weibliche Angestellte		
Gruppe I (schematische Arbeiten)	11,4 vH	7,6 vH
II (unselbständige kaufm. Tätigkeiten)	53,9 vH	54,3 vH
III (Sachbearbeiter)	31,4 vH	35,0 vH
IV (leitende Angestellte)	3,3 vH	3,1 vH

(Eine Übersicht über die Definitionen der Tätigkeitsmerkmale der Tarifgruppen befindet sich am Ende des Tabellenanhangs). Innerhalb der Tarifgruppen sind das Lebensalter und/oder die Zahl der Berufsjahre für die Höhe des Bruttogehalts maßgebend.

Für die gewerblichen Arbeitnehmer sind die Beschäftigungsgruppen in den Tarifverträgen regional so verschieden geregelt, daß eine zusammenfassende Übersicht nicht angefertigt werden kann. Unterschiede im Lohnniveau zeigen sich hier aber, wenn man die Tarife für bestimmte, genau definierte Berufe bzw. Tätigkeiten vergleicht (Tab. 24).

Für einige Bundesländer konnten auch die Lehrlingsvergütungen zusammengestellt werden (Tab. 3 im Anhang).

Will man nun untersuchen, ob die Entlohnung der Beschäftigten eine Ursache des strukturellen Arbeitskräftemangels im Großhandel ist, so müssen zunächst die Verdienstmöglichkeiten der Beschäftigten bei gleichwertiger Tätigkeit in anderen Wirtschaftsbereichen festgestellt werden. Dieser Vergleich sei vorerst auf die tariflichen Leistungen beschränkt, da diese in den meisten Fällen für die Wahl des Arbeitsplatzes maßgebend sein dürften.

Sinnvoll ist ein Vergleich der tariflichen Entgelte in verschiedenen Wirtschaftsbereichen nur innerhalb eines bestimmten Gebietes, da beispielsweise ein im bayerischen Großhandel tätiger Angestellter in der Regel nicht wegen eines um angenommen DM 50,— höheren Verdienstes in der Hamburger Metallindustrie nach Hamburg übersiedeln wird. Innerhalb Bayern, vor allem aber am selben Wohnort, kann dieser Betrag in vielen Fällen durchaus ausschlaggebend für den Wechsel sein (Tab. 25).

Tabelle 24

Vergleich von Tariflöhnen der gewerblichen Arbeitnehmer im Großhandel in einigen Bundesländern

(Ortsklasse I)

Brutto-Wochenlöhne in DM (Mindestlöhne) bei 45 Std. Arbeitszeit (Stand Mitte 1960)

Bundesland	Kraftfahrer	Lagerarbeiter bzw. Rampenarbeit. m. schw. körperl. Arbeit od. besonderer Verantwortg.	Arbeitnehmer mit leichterer Arbeit u. ohne besond. Verantwortlichkeit, z.B. Ausgeher, Hilfsarbeiter	Arbeitnehmer mit leichter Packarbeit, Sortieren, Dosieren, Etikettieren
Baden-Württemberg ..	94,50[a])	77,40[a])	77,40[a])	65,25[a])
Bayern	100,80	90,00	84,15	73,35
Hamburg	87 bis 93[b])	59 bis 86[b])	43 bis 82[b])	34 bis 64[b])
Niedersachsen	87,00	81,00	59,00	59,00
Nordrhein-Westfalen	97,00	82,00	72,00	62,00
Rheinland-Pfalz ..	72 bis 90[c])	40 bis 80[c])	35 bis 70[c])	33 bis 65[c])
Saarland	103,50	81,00	69,75	63,00
Schleswig-Holstein	85,05	77,85	80,55	58,95

Quelle: Tarifverträge. — a) Ab vollendetem 22. Lebensjahr, Verheiratete auch früher. — b) Je nach Betriebszugehörigkeit (Tarif bereits gekündigt). — c) Je nach Alter.

Die Tarifgruppen-Definitionen in Tab. 25 stimmen weitgehend überein, so daß die Vergleichbarkeit gegeben ist.

In Gehaltsgruppe K I sind in allen angeführten Tarifverträgen *Angestellte ohne abgeschlossene berufliche Ausbildung enthalten, die mit gleichbleibender schematischer Tätigkeit* beschäftigt werden.

In allen fünf Tarifverträgen sind für die Gehaltsgruppen II bis IV bzw. V eine abgeschlossene einschlägige Berufsausbildung oder auf andere Weise erworbene Berufskenntnisse Voraussetzung.

Gehaltsgruppe K II ist für Angestellte mit *einfachen kaufmännischen Tätigkeiten* maßgebend, also etwa für Kontoristen, Stenotypisten, Verkaufs-, Lager- und Versandpersonal.

Gehaltsgruppe K III umfaßt Angestellte mit einer *höherwertigen, im Rahmen allgemeiner Anweisungen selbständigen Tätigkeit,* gilt also z. B. für Korrespondenten, Buchhalter, qualifizierte Stenotypisten, die nach Stichwortangaben selbständig Post erledigen, Disponenten usw.

Für die Einstufung in Gehaltsgruppe K IV ist *selbständige, verantwortliche* Tätigkeit Voraussetzung, die im allgemeinen erst nach mehrjähriger praktischer Erfahrung im Beruf ausgeübt werden kann.

Tabelle 25

Die tariflichen Gehälter der kaufmännischen Angestellten verschiedener Wirtschaftsbereiche in Bayern
(Ortsklasse I)

Gehaltsgruppe	*	Großhandel	Einzelhandel	Baywa	Speditions-, Transport- und Fuhrgewerbe	Metallindustrie
K I	A E	201,— 385,—	158,—a) 257,—	225,— 411,—	230,— 402,—	254,— 395,—
K II	A E	224,— 430,—	225,— 405,—	256,— 466,—	276,— 480,—	308,— 493,—
K III	A E	328,— 530,—	310,— 500,—	372,— 595,—	345,— 590,—	469,— 616,—
K IV	A E	460,— 640,—	510,— 610,—	514,— 704,—	500,— 700,—	649,— 767,—
K V	A E	— —	600,— 725,—	— —	freie Vereinbarung	779,— 924,—
Zeitpunkt d. Inkrafttretens ..		1. 6. 1960	1. 8. 1960	1. 4. 1960	1. 6. 1960	1. 9. 1960
Kündbar ...		30. 6. 1961	31. 7. 1961		31. 11. 1961	

Quelle: Tarifverträge. — * A = Anfangsgehalt, E = Endgehalt. — a) Vom Eintrittsalter abhängig.

Im Einzelhandel und in der Metallindustrie wurde noch eine Gruppe K V für Angestellte in *leitender Tätigkeit* geschaffen. Die Tätigkeitsmerkmale zu Gruppe IV und V überschneiden sich teilweise; so ist beispielsweise im Großhandel der Bilanzbuchhalter der Gruppe IV, im Einzelhandel der Gruppe V zugeordnet.

In erster Linie von Interesse sind die Gehaltsgruppen K II und K III, da ihnen — wie schon erwähnt — die überwiegende Mehrzahl aller kaufmännischen Angestellten der aufgeführten Wirtschaftsbereiche und auch des Großhandels zugeordnet sind. Vergleicht man die Tarifgehälter in diesen Gruppen, so zeigt sich, daß in der „Bayerischen Warenvermittlung landwirtschaftlicher Genossenschaften AG", einer Sonder-Betriebsform des Großhandels, die höchsten Gehälter bezahlt werden; es folgen das Speditions-, Transport- und Fuhrgewerbe, die Metallindustrie, der einzelwirtschaftliche Großhandel und der Einzelhandel.

Diese Reihenfolge bleibt auch bestehen, wenn man zusätzlich die tariflich geregelten Sozialleistungen, also Haushalts- und Kindergeld berücksichtigt. Im bayerischen Großhandel beträgt die Haushaltszulage für verheiratete Angestellte DM 25,—; Kinderzulagen werden nach den tariflichen Bestimmungen nicht gewährt. In der folgenden Übersicht wurden die tariflichen Angestelltenbezüge einschließlich Sozialzulagen für einige typische kaufmännische Tätigkeitskategorien bei bestimmten Daten zusammengestellt.

Tabelle 26

Übersicht über die tariflichen Gehälter in einigen typischen kaufmännischen Berufen in verschiedenen Wirtschaftszweigen in Bayern
(Ortsklasse I)

Fall I: Angestellte mit einfachen schematischen Arbeiten in Büro und Betrieb ohne kaufmännische Berufsausbildung, z. B. Telefonistin, Postabfertigerin usw., im 25. Lebensjahr, verheiratet, 1 Kind, 3. Berufsjahr.

Fall II: Angestellter mit abgeschlossener kaufmännischer Ausbildung mit einfacher Tätigkeit, z. B. Hilfsbuchhalter, Kontorist, im 21. Lebensjahr, ledig, 4. Berufsjahr.

Fall III: Angestellter mit selbständiger verantwortlicher Tätigkeit, z. B. Einkäufer, Verkaufsleiter, Werbeleiter, Filialleiter mit Einkaufsbefugnis, im 30. Lebensjahr, verheiratet, 3 Kinder, 10. Berufsjahr.

	Groß-handel	Einzel-handel	Baywa	Speditions-, Transport- u. Fuhrgewerbe	Metall-industrie
Fall I:					
Tarifgruppe	I	I	I	I	I
Bruttogehalt	327,—	228,—	350,—	318,—	354,—
Haushaltszulage[a])	25,—	25,—	25,—	—	12,—
Kinderzulage	—	—	12,—	—	10,—
Insgesamt	352,—	253,—	387,—	318,—	376,—
Fall II:					
Tarifgruppe	II	II	II	II	II
Bruttogehalt	267,—	256,—	300,—	311,—	308,—
Haushaltszulage	—	—	—	—	—
Kinderzulage	—	—	—	—	—
Insgesamt	267,—	256,—	300,—	311,—	308,—
Fall III:					
Tarifgruppe	IV	IV	IV	IV	IV
Bruttogehalt	640,—	560,—	704,—	700,—	711,—
Haushaltszulage	25,—	25,—	25,—	—	12,—
Kinderzulage	—	—	24,—	—	20,—
Insgesamt	665,—	585,—	753,—	700,—	743,—
Gültigkeit des Tarifs ab	1. 6. 1960	1. 8. 1960	1. 4. 1960	31. 5. 1960	1. 9. 1960

Quelle: Tarifverträge.
a) Es ist zu berücksichtigen, daß verheiratete weibliche Angestellte die Haushaltszulage in den allerwenigsten Fällen bekommen, weil der Ehemann verdient.

Die Berufswahl der Jugendlichen wird heute zweifellos in viel stärkerem Maße als früher von der Höhe der Lehrlingsvergütungen beeinflußt. Eine Darstellung der unterschiedlichen Lehrlingsvergütungen in verschiedenen Wirtschaftsbereichen ist daher recht interessant (Tab. 4 im Anhang).

Eine Vereinheitlichung der unterschiedlichen Lehrlingsvergütungen wäre dringend erforderlich; nicht sie, sondern ausschließlich die Eignung sollte der Grund für die Berufswahl sein. Die Übersicht zeigt, daß die Lehrlingsvergütungen im Großhandel zwar nicht zu den niedrigsten gehören, daß aber doch in vielen Bereichen erheblich attraktivere Bedingungen gegeben sind.

Über die *Entwicklung* der tariflichen Gehälter und Löhne in der gewerblichen Wirtschaft und in der öffentlichen Verwaltung seit November 1950 gibt das Statistische Bundesamt Auskunft, das vierteljährlich einen Index errechnet. Für einige ausgewählte Wirtschaftsbereiche ist dieser Index in den Schaubildern 2 bis 4 für männliche und weibliche Angestellte sowie für männliche Arbeiter dargestellt.

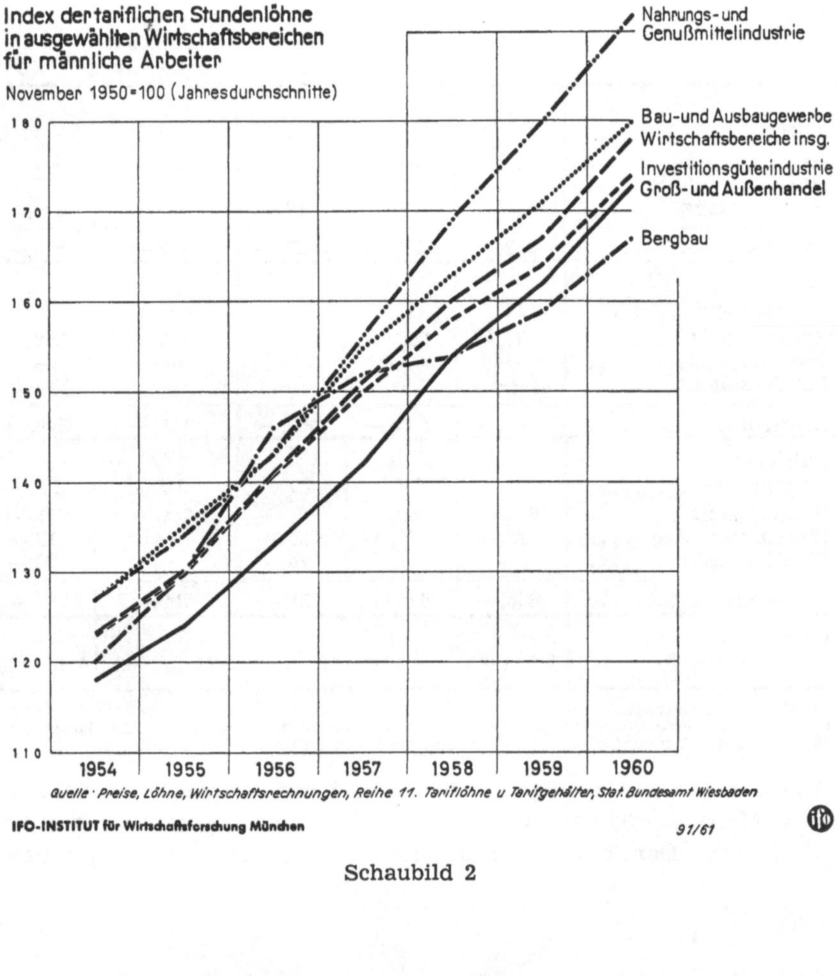

Schaubild 2

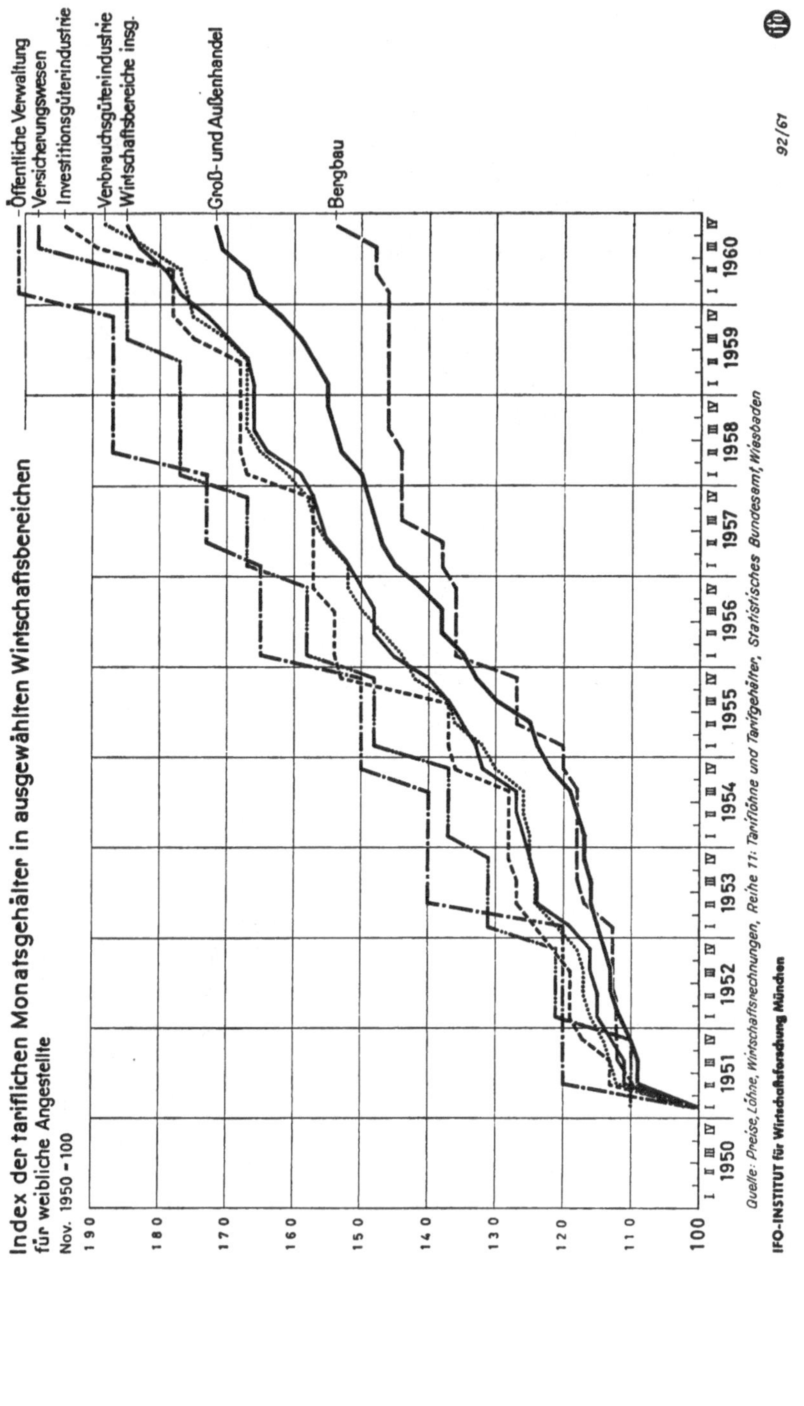
Index der tariflichen Monatsgehälter in ausgewählten Wirtschaftsbereichen
für weibliche Angestellte
Nov. 1950 = 100
Öffentliche Verwaltung
Versicherungswesen
Investitionsgüterindustrie
Verbrauchsgüterindustrie
Wirtschaftsbereiche insg.
Groß- und Außenhandel
Bergbau
190
180
170
160
150
140
130
120
110
100
1950
1951
1952
1953
1954
1955
1956
1957
1958
1959
1960
Quelle: Preise, Löhne, Wirtschaftsrechnungen, Reihe 11: Tariflöhne und Tarifgehälter, Statistisches Bundesamt, Wiesbaden
IFO-INSTITUT für Wirtschaftsforschung München
92/61

Schaubild 3

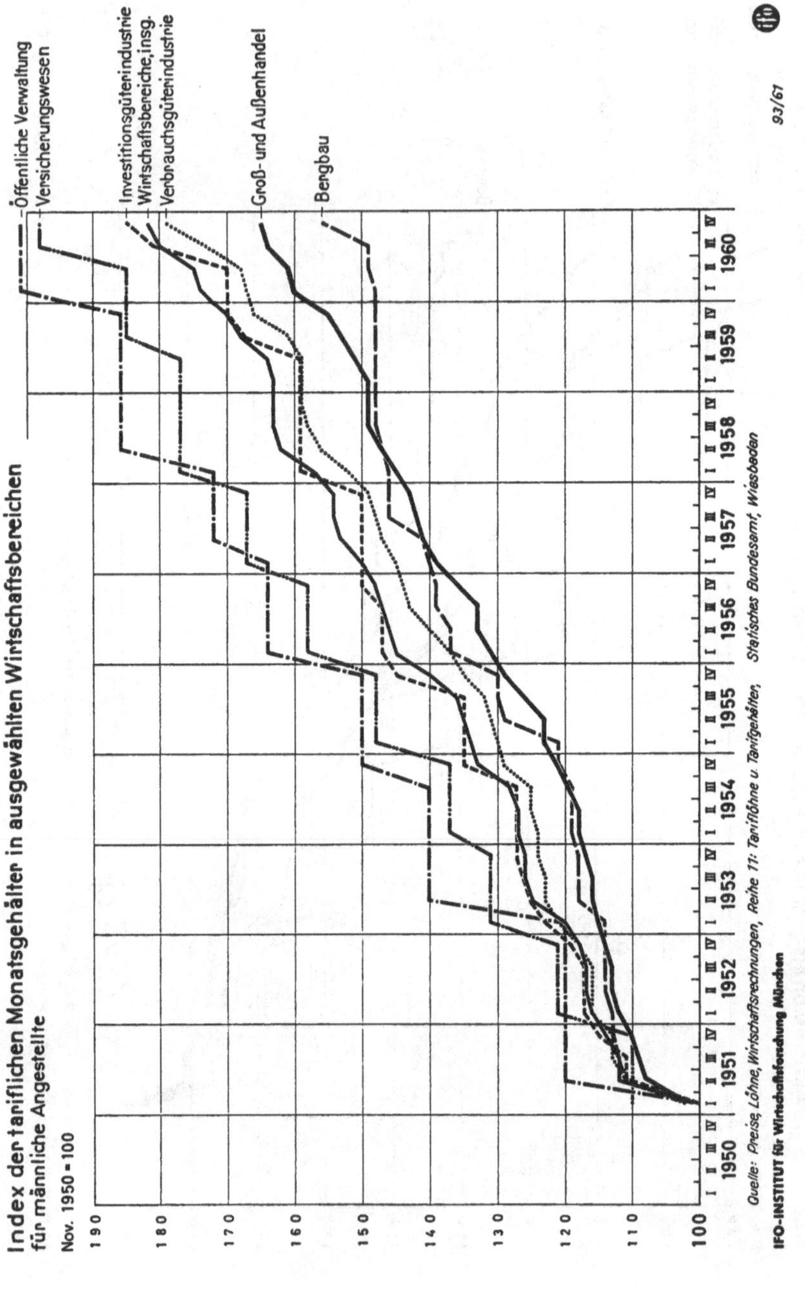
Index der tariflichen Monatsgehälter in ausgewählten Wirtschaftsbereichen
für männliche Angestellte
Nov. 1950 = 100
Öffentliche Verwaltung
Versicherungswesen
Investitionsgüterindustrie
Wirtschaftsbereiche, insg.
Verbrauchsgüterindustrie
Groß- und Außenhandel
Bergbau
100
110
120
130
140
150
160
170
180
190
1950
1951
1952
1953
1954
1955
1956
1957
1958
1959
1960
Quelle: Preise, Löhne, Wirtschaftsrechnungen, Reihe 11: Tariflöhne u. Tarifgehälter, Statistisches Bundesamt, Wiesbaden
IFO-INSTITUT für Wirtschaftsforschung München
93/61

Schaubild 4

Es zeigt sich, daß die Tarifgehälter und -löhne im Großhandel seit November 1950 erheblich schwächer gestiegen sind als im Durchschnitt aller Wirtschaftsbereiche. Lediglich im Bergbau war der Zuwachs — aus strukturellen Gründen — geringer als im Großhandel.

2. Effektive Bezahlung und freiwillige Leistungen

Ein wirklichkeitsnahes Bild der Entlohnung geben die Tarifverträge nicht. Immer mehr Unternehmer — auch des Großhandels — versuchen nämlich durch frei vereinbarte, übertarifliche Löhne und Gehälter sowie sonstige Leistungen dem Arbeitskräftemangel zu begegnen. Gratifikationen, 13 und mehr Gehälter, Umsatz- und Gewinnbeteiligungen, Fahrtkosten- und Essenszuschüsse, Prämienzahlungen für Versicherungen zugunsten der Arbeitnehmer sind heute in allen Wirtschaftszweigen üblich und können für die Wahl des Arbeitsplatzes durch den Arbeitnehmer entscheidend sein.

Es soll in den folgenden Abschnitten versucht werden, diese tariflich und gesetzlich nicht fixierten Leistungen so gut wie möglich abzuschätzen. Da das aus der amtlichen Statistik vorliegende Material hierfür nicht ausreicht, hat das *Ifo-Institut* für den Bereich des Großhandels durch zwei Mitte 1960 durchgeführte Erhebungen versucht, entsprechendes Anschauungsmaterial zu gewinnen. Es wurden insgesamt 1200 Großhandelsfirmen aus gut 20 Branchen auf schriftlichem Wege befragt. Die Hälfte der Firmen wurde nach den globalen betrieblichen Lohn- und Gehaltsaufwendungen gefragt, die andere Hälfte nach den effektiven Aufwendungen in vier ganz bestimmten — vorgegebenen — Fällen; beide Male waren die übertariflichen Zahlungen sowie die freiwilligen sonstigen Leistungen gesondert anzugeben.

Brauchbar ausgefüllt zurückgesandt wurden die Fragebogen von etwa 60 vH der befragten Firmen, also von insgesamt mehr als 700 Firmen. Diese Zahl ist selbstverständlich zu klein, um damit den Anspruch auf Allgemeingültigkeit für den gesamten Großhandel erheben zu können. Sie reicht jedoch aus, Größenordnungen aufzuzeigen und Tendenzen festzustellen. In diesem Sinne brachten die beiden Erhebungen interessante Ergebnisse.

Die an der Erhebung der globalen betrieblichen Lohn- und Gehaltsaufwendungen beteiligten Firmen beschäftigten Ende 1959 annähernd 10 000 Personen (einschließlich Lehrlinge). Die gesamten Personalaufwendungen für die Beschäftigten (einschließlich der indirekten Sozialleistungen wie Kantinenzuschüsse, Aufwendungen für Betriebsausflüge usw., aber ohne die gesetzlichen Aufwendungen zur Sozialversicherung[9]),

---

[9] Diese gesetzlichen Aufwendungen zur Sozialversicherung betragen im Durchschnitt gut ein Zehntel der Lohn- und Gehaltssumme.

betrugen bei diesen Firmen im Jahre 1959 57,6 Mill. DM. Die tariflich festgelegten Leistungen stellten sich auf 43,5 Mill. DM. Der freiwillige Aufwand beträgt also im Durchschnitt der erfaßten Firmen und somit auch im Durchschnitt der darin beschäftigten Personen 32,7 vH der tariflichen Vergütungen.

Tabelle 27

Arbeitsentgelt je Arbeitnehmer im Großhandel im Jahre 1959

(in DM)

Art der Aufwendung	Großhandel insgesamt	davon	
		Konsumgütergroßhandel	Produktionsverbindungshandel
1. *Arbeitsvergütung nach Tarif*[a] (Gehälter, Löhne)	*4580*	*4193*	*4793*
2. Übertarifliche Vergütung ..	665	411	809
3. Sonstige direkte freiwillige Leistungen	595	466	665
4. Indirekte freiwillige Leistungen	237	191	263
5. *Aufwendungen insgesamt*[b]) .	*6077*	*5261*	*6530*

Quelle: Erhebung des Ifo-Instituts. a) Einschließlich tarifliche Haushalts- und Kinderzulagen. b) Ohne die gesetzlichen Aufwendungen des Arbeitgebers zur sozialen Sicherheit.

Daß die durchschnittliche tarifliche Arbeitsvergütung im Produktionsverbindungshandel — trotz einheitlicher Tarife — höher ist als im Konsumgüterhandel, erklärt sich daraus, daß hier einmal mehr Kapitalgesellschaften und zum anderen umsatzstärkere Unternehmen tätig sind, die in größerer Zahl leitende Angestellte beschäftigen, während im Konsumgütergroßhandel in größerem Umfange Familienunternehmen bestehen, in denen die Inhaber, deren Entschädigungen in der Erhebung nicht erfaßt wurden, die leitenden Funktionen selbst ausüben.

Interessanter als die obige Darstellung der absoluten Verdienste nach ihrer Zusammensetzung ist die prozentuale Höhe der weder gesetzlich noch tariflich verankerten Leistungen, gemessen an den tariflichen Vergütungen.

Die übertariflichen Leistungen des Großhandels betragen im Durchschnitt 32,7 vH der tariflichen Vergütung; 14,5 vH entfallen hierbei auf Gehälter und Löhne. Weitere 13 vH erhält der Arbeitnehmer auf anderem, aber direktem Wege; die übrigen 5,2 vH kommen ihm indirekt (in Form von Kantinenzuschüssen, Betriebsausflügen usw.) zugute.

Tabelle 28

Die übertariflichen Leistungen des Großhandels im Jahre 1959
(in vH der tariflichen Vergütung)

Art der Aufwendung	Großhandel insgesamt	davon	
		Konsumgütergroßhandel	Produktionsverbindungshandel
1. *Arbeitsvergütung nach Tarif* [a]) (Gehälter, Löhne)	*100,0*	*100,0*	*100,0*
2. Übertarifliche Vergütung ..	14,5	9,8	16,9
3. Sonstige direkte freiwillige Leistungen	13,0	11,1	13,8
4. Indirekte freiwillige Leistungen	5,2	4,6	5,5
5. *Aufwendungen insgesamt* [b]) .	*132,7*	*125,5*	*136,2*

Quelle: Erhebung des Ifo-Instituts. a) Einschließlich tarifliche Haushalts- und Kinderzulagen. b) Ohne die gesetzlichen Aufwendungen des Arbeitgebers zur sozialen Sicherheit.

Bemerkenswerterweise sind im Produktionsverbindungshandel die Gehälter und Löhne im Durchschnitt aller Beschäftigten nicht nur absolut, sondern auch relativ höher als im Konsumgütergroßhandel.

Tabelle 29

Arbeitsentgelt je Arbeitnehmer im Großhandel nach der Umsatzgröße der Firmen im Jahre 1959
(in DM)

Art der Aufwendung	Firmen mit Umsätzen	
	unter 2 Mill. DM	von 2 Mill. DM und mehr
1. *Arbeitsvergütung nach Tarif* [a]) (Gehälter, Löhne)	*3802*	*4752*
2. Übertarifliche Vergütung ..	512	698
3. Sonstige direkte freiwillige Leistungen	357	672
4. Indirekte freiwillige Leistungen	67	286
5. *Aufwendungen insgesamt* [b]) .	*4738*	*6408*

Quelle: Erhebung des Ifo-Instituts. a) Einschließlich tarifliche Haushalts- und Kinderzulagen. b) Ohne die gesetzlichen Aufwendungen des Arbeitgebers zur sozialen Sicherheit.

Die Aufgliederung der Ergebnisse nach der Umsatzgröße der beteiligten Firmen war ebenfalls recht aufschlußreich. Eine Trennung der Betriebe in solche mit Umsätzen unter 2 Mill. DM und mit Umsätzen von

2 Mill. DM und mehr bestätigte die Ansicht, daß die freiwilligen Leistungen in den größeren Betrieben umfangreicher sind als in den kleineren. Bei den Großhandelsfirmen mit Umsätzen unter 2 Mill. DM betrugen die übertariflichen Leistungen — gemessen an der tariflichen Vergütung — knapp ein Viertel, bei den umsatzstärkeren dagegen gut ein Drittel.

Die im Durchschnitt höheren tariflichen Vergütungen bei den größeren Firmen sind wiederum u. a. auf die hier höhere Zahl von Angestellten in leitenden Stellungen zurückzuführen.

Tabelle 30

Die übertariflichen Leistungen des Großhandels nach der Umsatzgröße der Firmen im Jahre 1959

(in vH der tariflichen Vergütung)

Art der Aufwendung	Firmen mit Umsätzen	
	unter 2 Mill. DM	von 2 Mill. DM und mehr
1. *Arbeitsvergütung nach Tarif* [a]) (Gehälter, Löhne)	*100,0*	*100,0*
2. Übertarifliche Vergütung ..	13,5	14,7
3. Sonstige direkte freiwillige Leistungen	9,4	14,2
4. Indirekte freiwillige Leistungen	1,8	6,0
5. *Aufwendungen insgesamt* [b]) .	*124,7*	*134,9*

Quelle: Erhebung des Ifo-Instituts.
a) Einschließlich tarifliche Haushalts- und Kinderzulagen.
b) Ohne die gesetzlichen Aufwendungen des Arbeitgebers zur sozialen Sicherheit.

In der zweiten Erhebung wurden — wie schon erwähnt — die Gehälter und Löhne und sonstigen direkten Leistungen für bestimmte Fälle (typische Großhandelsberufe) erfaßt. Hierbei wurden Tätigkeit und Geschlecht vorgegeben (1. Fall: Buchhaltungs[hilfs]kraft, weiblich; 2. Fall: Stenotypistin bzw. Kontoristin, weiblich; 3. Fall: Verkäufer, Reisender, männlich; 4. Fall: Lagerhilfsarbeiter, männlich). Die Firmen hatten für die gewählten Fälle aus ihrem Betrieb zusätzlich Alter, Berufsjahre, Dauer der Betriebszugehörigkeit und Familienstand anzugeben. Dadurch bestand die Möglichkeit, die Ergebnisse auch nach diesen Gesichtspunkten auszuwerten und hierbei eventuelle Beziehungen und Abhängigkeiten zwischen den verschiedenen freiwilligen Leistungen und diesen Gesichtspunkten festzustellen.

Für die einzelnen Fälle wurden folgende Globalergebnisse ermittelt:

Tabelle 31
Jährliche Verdienste pro Arbeitnehmer im Jahre 1959

Art der Aufwendung	in DM	in vH des Tarifgehalts
Beispiel I: Buchhaltungs(hilfs)kraft, weiblich, Angestellte		
1. *Tarifliches Gehalt*	*4023*	*100,0*
2. Übertarifliches Gehalt	633	15,7
3. Sonstige direkte freiwillige Leistungen	371	9,3
4. *Insgesamt*	*5027*	*125,0*
Beispiel II: Fakturistin bzw. Kontoristin, Angestellte		
1. *Tarifliches Gehalt*	*4124*	*100,0*
2. Übertarifliches Gehalt	568	13,8
3. Sonstige direkte freiwillige Leistungen	358	8,7
4. *Insgesamt*	*5050*	*122,5*
Beispiel III: Verkäufer, Angestellter		
1. *Tarifliches Gehalt*	*5713*	*100,0*
2. Übertarifliches Gehalt	1583	27,7
3. Sonstige direkte freiwillige Leistungen	1068	20,5
4. *Insgesamt*	*8464*	*148,2*
Beispiel IV: Lagerhilfskraft, männlich, gewerblich		
1. *Tariflicher Verdienst*	*3598*	*100,0*
2. Übertariflicher Verdienst	757	21,0
3. Sonstige direkte freiwillige Leistungen	348	9,7
4. *Insgesamt*	*4703*	*130,7*

Quelle: Sondererhebung des Ifo-Instituts.

Der Effektivverdienst im weiteren Sinne, d. h. die Summe aller direkt gewährten Leistungen, liegt also im Falle der weiblichen Buchhaltungshilfskraft um 25 vH, im Falle der Fakturistin bzw. Kontoristin um 22,5 vH, im Falle der männlichen gewerblichen Lagerhilfskraft um über 30 vH und im Falle des Verkäufers sogar um 48 vH über dem Tarifverdienst. Diese Zahlen lassen vermuten, daß den männlichen Beschäftigten höhere Zusatzleistungen gewährt werden als den weiblichen. Das mag darauf zurückzuführen sein, daß die weiblichen Beschäftigten im Durchschnitt jünger sind als die männlichen und in der Regel weniger lang im Großhandelsberuf tätig sind bzw. dem Betrieb angehören.

Für den Fall der Fakturistin bzw. Kontoristin wurden die Erhebungsergebnisse auch nach der Zahl der im Betrieb tätigen Personen aufgegliedert. Es zeigte sich, daß die Summe der übertariflichen Leistungen für eine Fakturistin bzw. Kontoristin

in Betrieben mit weniger als 50 Beschäftigten = 22,3 vH,
in Betrieben mit 50 bis 99 Beschäftigten = 26,2 vH und
in Betrieben mit 100 und mehr Beschäftigten = 28,4 vH

des Tarifgehaltes beträgt.

Die schon früher getroffene Feststellung, daß die Höhe der freiwilligen Leistungen mit der Größe des Betriebes steigt, hat sich also auch hier bestätigt.

In den folgenden Abschnitten sollen nun die *einzelnen* freiwilligen Leistungen getrennt dargestellt werden und zwar in folgender Gliederung:

a) Die übertariflichen Gehalts- und Lohnanteile, die zusammen mit den tariflichen Sätzen die Effektiventgelte ausmachen.
b) Umsatz- und Gewinnbeteiligungen sowie Leistungsprämien.
c) Gratifikationen sowie 13. bzw. weitere Monatsgehälter.
d) Sonstige direkte und indirekte freiwillige Leistungen.

a) Effektive Gehälter und Löhne; ihre Entwicklung

Die effektive Höhe der Bruttomonatsverdienste der Angestellten im Großhandel und ihre Entwicklung ist den Lohn- und Gehaltsstruktur-Erhebungen zu entnehmen, die das *Statistische Bundesamt* für November 1951[10] und für Oktober 1957[11] durchgeführt hat.

Der durchschnittliche Monatsverdienst eines männlichen Angestellten im Großhandel betrug danach im Jahre 1951 (November) DM 393,—, im Jahre 1957 (Oktober) dagegen DM 584,—; er nahm also im Durchschnitt um knapp 50 vH zu. In der Steigerungsrate ist auch die Leistungsgruppen-„Strukturveränderung" enthalten, also die Gehaltszunahmen, die dadurch erfolgten, daß Angestellte in höhere Leistungsgruppen eingereiht wurden. Auf Konto dieser verbesserten „Leistungsstruktur" gehen rd. 11 vH; die „bereinigte" Zunahme d. h. die durchschnittliche Zunahme bei gleichbleibender Tätigkeit bzw. Einstufung betrug somit rd. 38 vH.

Wie in allen Bereichen der Wirtschaft, hat sich auch im Großhandel die „Streuungsbreite" der Verdienste vergrößert, d. h. die Gehälter für die höherwertigen Tätigkeiten haben sich von 1951 auf 1957 stärker erhöht als die Entgelte für die einfacheren Tätigkeiten.

---

[10] Statistik der Bundesrepublik Deutschland, Bd. 90 und 91.
[11] Statistische Berichte, Arb. Nr. VI/12/1 — 5.

Tabelle 32

Durchschnittlicher Bruttomonatsverdienst der männlichen Angestellten im Großhandel[a])

Leistungsgruppe[c])	November 1951	Oktober 1957[b])	Zunahme in vH
	in DM		
I b	801	1190	+ 49
II	560	805	+ 44
III	406	568	+ 40
IV	279	360	+ 29
V	229	291	+ 28
zusammen	*393*	*584*	*+ 49*

Quelle: „Die Verdienste der Angestellten in der gewerblichen Wirtschaft im November 1951", Statistik der Bundesrepublik Deutschland, Bd. 91; „Verdienste der Angestellten in Industrie und Handel", Statistische Berichte, Arb. Nr. VI/12/3, Statistisches Bundesamt.

a) Binnengroßhandel und Ein- und Ausfuhrhandel.

b) Gewichtete Zusammenfassung der Positionen „Binnenhandel" sowie „Ein- und Ausfuhrhandel".

c) *Definition der Leistungsgruppen:*

Ib: Angestellte in leitender Stellung mit Aufsichts- und Dispositionsbefugnis, mit einem monatlichen Gehalt unter 2500 DM. Die Gehälter der Angestellten der Leistungsgruppe Ib werden im allgemeinen frei (durch Einzelvertrag) geregelt.

II: Angestellte mit besonderen Erfahrungen und selbständigen Leistungen in verantwortlicher Tätigkeit mit eingeschränkter Dispositionsbefugnis, die Angestellte anderer Tätigkeitsgruppen einzusetzen und verantwortlich zu unterweisen haben; ferner Angestellte mit umfassenden kaufmännischen oder technischen Kenntnissen.

III: Angestellte mit mehrjähriger Berufserfahrung oder besonderen Fachkenntnissen und Fähigkeiten bzw. mit Spezialtätigkeiten, die nach allgemeiner Anweisung selbständig arbeiten, jedoch keine Verantwortung für die Tätigkeit anderer tragen.

IV: Angestellte ohne eigene Entscheidungsbefugnis in einfacher Tätigkeit, deren Ausübung eine abgeschlossene Berufsausbildung oder durch mehrjährige Berufstätigkeit, den erfolgreichen Besuch einer Fachschule oder privates Studium erworbene Fachkenntnisse voraussetzt.

V: Angestellte in einfacher, schematischer oder mechanischer Tätigkeit, die keine Berufsausbildung erfordert.

Tabelle 33

Durchschnittlicher Bruttomonatsverdienst der weiblichen Angestellten im Großhandel[a])

Leistungsgruppe[a])	November 1951	Oktober 1957[a])	Zunahme in vH
	in DM		
I b	662	898	+ 37
II	457	653	+ 43
III	326	434	+ 33
IV	232	307	+ 32
V	178	231	+ 30
zusammen	*256*	*354*	*+ 38*

Quelle: „Die Verdienste der Angestellten in der gewerblichen Wirtschaft im November 1951", Statistik der Bundesrepublik Deutschland, Bd. 91; „Verdienste der Angestellten in Industrie und Handel", Statistische Berichte, Arb. Nr. VI/12/3, Statistisches Bundesamt.

a) Vgl. Anmerkungen zu Tabelle 32.

Die Durchschnittsgehälter der weiblichen Beschäftigten im Großhandel nahmen im Vergleichszeitraum mit 38 vH nicht so stark zu wie die ihrer männlichen Kollegen. Die Leistungsgruppen-„Strukturveränderung“ war hier nur unbedeutend[12].

Für Oktober 1957 liegen gesonderte Angaben für den Binnengroßhandel sowie den Ein- und Ausfuhrhandel vor. Die folgenden Tabellen, in denen neben den Bruttoverdiensten auch die gesetzlichen Abzüge sowie die Nettomonatsverdienste genannt sind, zeigen, daß die Bezahlung im Ein- und Ausfuhrhandel im Durchschnitt besser ist als im Binnengroßhandel.

---

[12] Die Bereinigung von der strukturbedingten Zunahme wurde folgendermaßen durchgeführt:

$$z_i = \frac{x^2_i - x^1_i}{x^1_i}$$

$$\bar{z} = \frac{\bar{x}^2 - \bar{x}^1}{\bar{x}^1}$$

$$\bar{x}^1 = \frac{\Sigma\, n^1_i \cdot x^1_i}{\Sigma\, n^1_i}$$

$$\bar{x}^2 = \frac{\Sigma\, n^2_i \cdot x^2_i}{\Sigma\, n^2_i}$$

$$\bar{z} = \frac{\frac{\Sigma\, n^2_i \cdot x^2_i}{\Sigma\, n^2_i} - \frac{\Sigma\, n^1_i \cdot x^1_i}{\Sigma\, n^1_i}}{\frac{\Sigma\, n^1_i \cdot x^1_i}{n^1_i}}$$

Annahme gleichbleibender Struktur: $n^2_i = n^1_i$

$$\bar{z} = \frac{\Sigma\, n^1_i \cdot x^2_i - \Sigma\, n^1_i \cdot x^1_i}{\Sigma\, n^1_i \cdot x^1_i}$$

wobei:

z_i = prozentuale Zunahme in den einzelnen Leistungsgruppen

$\bar{z}$ = prozentuale Zunahme im Durchschnitt der Leistungsgruppen

x^1_i = Durchschnittsverdienst der Leistungsgruppen im Jahre 1951

x^2_i = Durchschnittsverdienst der Leistungsgruppen im Jahre 1957

$\bar{x}^1$ = Durchschnittsverdienst im Durchschnitt der Leistungsgruppen im Jahre 1951

$\bar{x}^2$ = Durchschnittsverdienst im Durchschnitt der Leistungsgruppen im Jahre 1957

n^1_i = Zahl der Beschäftigten in den Leistungsgruppen 1951

n^2_i = Zahl der Beschäftigten in den Leistungsgruppen 1957

Tabelle 34

Die Verdienste der männlichen Angestellten im Binnengroßhandel im Oktober 1957

Leistungsgruppe[a])	Durchschnittliche(r)			
	Bruttomonatsverdienst	gesetzliche Abzüge[b])		Nettomonatsverdienst
		Lohnsteuer	Arbeitnehmerbeitrag zur Sozialversicherung	
	DM	vH		DM
I b	1 184	11,3	2,8	1 037
II	802	7,6	7,0	685
III	569	5,6	9,6	483
IV	359	3,7	10,8	307
V	287	2,2	10,5	251
zusammen .	*579*	*6,2*	*8,6*	*493*

Quelle: „Verdienste der Angestellten in Industrie und Handel", Statistische Berichte, Arb. Nr. VI/12/3, Statistisches Bundesamt.

a) Vgl. Anmerkung 3 zu Tabelle 32.

b) in vH des Bruttoverdienstes.

Tabelle 35

Die Verdienste der männlichen Angestellten im Ein- und Ausfuhrhandel im Oktober 1957

Leistungsgruppe[a])	Durchschnittliche(r)			
	Bruttomonatsverdienst	gesetzliche Abzüge[b])		Nettomonatsverdienst
		Lohnsteuer	Arbeitnehmerbeitrag zur Sozialversicherung	
	DM	vH		DM
I b	1 247	12,3	2,1	1 067
II	838	8,7	6,4	711
III	557	6,3	9,9	467
IV	370	4,2	10,9	314
V	344	3,0	10,7	297
zusammen .	*667*	*7,9*	*7,4*	*565*

Quelle: „Verdienste der Angestellten in Industrie und Handel", Statistische Berichte, Arb. Nr. VI/12/3, Statistisches Bundesamt.

a) Vgl. Anmerkung 3 zu Tabelle 32.

b) in vH des Bruttoverdienstes.

Ein Vergleich der absoluten Durchschnittsverdienste im Großhandel mit denen in anderen Wirtschaftsbereichen kann global insofern nicht vorgenommen werden, weil die Struktur der Beschäftigten hinsichtlich ihres Alters und ihrer Betriebszugehörigkeit — Faktoren, die für die Höhe des Entgeltes eine wesentliche Rolle spielen — unterschiedlich ist. So wird z. B. gerade im Einzelhandel ein hoher Prozentsatz junger, lediger weiblicher Angestellter beschäftigt. Sie drücken natürlich das Durchschnittsgehalt dieser Wirtschaftsgruppe stark nach unten.

Die Lohn- und Gehaltsstruktur-Erhebung von 1957 hat nun aber die Durchschnittsverdienste auch für Altersgruppen und Perioden der Betriebszugehörigkeit ausgewiesen. Für den Großhandel wurden die durchschnittlichen Bruttomonatsverdienste nach diesen Gesichtspunkten in Tabelle 5 im Anhang dargestellt.

In Tabelle 6 des Anhangs wurden für einige hinsichtlich Leistungsgruppe, Geschlecht, Alter und Betriebszugehörigkeit vergleichbare kaufmännische Angestellte die Bruttomonatsverdienste in verschiedenen Wirtschaftsbereichen zusammengestellt.

Es zeigt sich, daß die Verdienste im Großhandel bei sonst gleichen Voraussetzungen im allgemeinen etwas niedriger sind als im Durchschnitt der übrigen Wirtschaftsbereiche. Bei den ausgewählten Beispielen liegt lediglich der Ein- und Ausfuhrhandel in der Entlohnung der weiblichen Angestellten in der niedrigsten Leistungsgruppe etwas über dem Durchschnitt.

Am Durchschnittsverdienst aller Angestellten[13] in den erfaßten Wirtschaftsbereichen gemessen, betrug der Verdienst der Angestellten im Binnengroßhandel im

1. Beispiel:	2. Beispiel:	3. Beispiel:
90 vH	88 vH	94 vH

und im Ein- und Ausfuhrhandel im

1. Beispiel:	2. Beispiel:	3. Beispiel:
101 vH	89 vH	89 vH

Diese drei Beispiele lassen die Schlußfolgerung zu, daß die *Effektivverdienste im Großhandel im Jahre 1957 im Durchschnitt um knapp ein Zehntel niedriger lagen als im Durchschnitt der übrigen Wirtschaftsbereiche.*

Läßt man die unterschiedliche Angestelltenstruktur nach den charakteristischen Merkmalen Alter, Betriebszugehörigkeit und Leistungsgruppen außer acht, vergleicht also die auf alle Beschäftigten bezogenen Durchschnittsverdienste, so kommt man zu folgendem Bild:

---

[13] Kaufmännische Angestellte und technische Angestellte.

	a) Männliche Angestellte	b) Weibliche Angestellte
Alle Wirtschaftsbereiche	*100 vH*	*100 vH*
Binnengroßhandel	88 vH	99 vH
Ein- und Ausfuhrhandel	101 vH	110 vH

Bemerkenswert ist, welch günstiges Bild sich bei dieser Betrachtungsweise für den Großhandel in der Frage der Entlohnung der weiblichen Beschäftigten bietet. Im Ein- und Ausfuhrhandel ist auch für die männlichen Angestellten der Durchschnittsverdienst etwas höher als in der übrigen Wirtschaft. Nicht zuletzt ist dies darauf zurückzuführen, daß hier — wegen der vielfach komplizierteren Materie (internationale Frachttarife, Devisenverkehr usw.) — in höherer Zahl Kräfte mit größerer Erfahrung und umfangreicherem Fachwissen beschäftigt werden.

Beschränkt man den Vergleich der durchschnittlichen Effektivverdienste auf die *kaufmännischen Angestellten,* die ja im Großhandel stark überwiegen, ergibt sich folgendes Bild:

	a) Männliche Angestellte	b) Weibliche Angestellte
Alle Wirtschaftsbereiche	*100 vH*	*100 vH*
Binnengroßhandel	82 vH	90 vH
Ein- und Ausfuhrhandel	94 vH	95 vH

Auch bei dieser Betrachtungsweise liegen also einerseits die Durchschnittsverdienste im Ein- und Ausfuhrhandel näher an denen in der gesamten Wirtschaft als im Binnengroßhandel; andererseits sind die Bruttoverdienste der weiblichen Beschäftigten im Großhandel stärker den Verdiensten der weiblichen Beschäftigten in den insgesamt erfaßten Wirtschaftsbereichen angepaßt als dies entsprechend bei den männlichen Beschäftigten der Fall ist.

Seit 1957 führt das *Statistische Bundesamt* jährlich vier Mal eine „Laufende Verdiensterhebung in Industrie und Handel" durch. Die Verdienststatistik beruht auf der Befragung einer Auswahl von Betrieben aus allen Gruppen der Industrie, des Baugewerbes, des Handels sowie des Bank- und Versicherungsgewerbes; die Auswahl umfaßt Betriebe mit im allgemeinen 25 vH aller beschäftigten Arbeitnehmer der einzelnen Wirtschaftsgruppen. Von der Industrie sind nur Betriebe mit 10 und mehr Beschäftigten einbezogen; in der Bauwirtschaft, im Handel und im Bank- und Versicherungswesen sind schon Betriebe mit 5 und mehr Beschäftigten berücksichtigt, weil solche Betriebe hier eine größere Rolle spielen. Die Betriebe melden grundsätzlich für alle Angestellten.

Tabelle 36

Entwicklung der Bruttomonatsverdienste der Angestellten von Februar 1957 bis Februar 1960

Wirtschaftsbereich	Februar		Veränderung in vH
	1957 DM	1960 DM	
a) Angestellte insgesamt			
Industrie, Handel, Geld- und Versicherungswesen	*481*	*561*	*+ 16*
Industrie insgesamt	550	639	+ 16
Bergbau	743	798	+ 7
Grundstoff- und Produktionsgüterindustrie	568	654	+ 15
Investitionsgüterindustrie	544	632	+ 16
Verbrauchsgüterindustrie	493	576	+ 17
Baugewerbe	598	703	+ 17
Ein- und Ausfuhrhandel	473	562	+ *19*
Binnengroßhandel	457	538	+ *18*
Einzelhandel	348	410	+ 18
Geld-, Bank- und Börsenwesen	472	553	+ 17
Versicherungswesen	495	562	+ 13
darunter:			
b) Kaufmännische Angestellte			
Industrie, Handel, Geld- und Versicherungswesen	*444*	*517*	*+ 16*
Industrie insgesamt	495	569	+ 15
Bergbau	618	660	+ 7
Grundstoff- und Produktionsgüterindustrie	533	607	+ 14
Investitionsgüterindustrie	484	556	+ 15
Verbrauchsgüterindustrie	458	533	+ 16
Baugewerbe	483	561	+ 16
Ein- und Ausfuhrhandel	468	559	+ *19*
Binnengroßhandel	451	530	+ *18*
Einzelhandel	342	406	+ 19
Geld-, Bank- und Börsenwesen	471	552	+ 17
Versicherungswesen	494	561	+ 14

Quelle: „Preise, Löhne, Wirtschaftsrechnungen", Reihe 15, Teil II: Angestelltenverdienste, Herausgeber: Statistischs Bundesamt, Wiesbaden.

Von der Erfassung ausgeschlossen sind die leitenden Angestellten, Meister im Angestelltenverhältnis, Halbtagsbeschäftigte, im Erhebungsmonat wegen Krankheit, Einstellung oder Entlassung nicht voll entlohnte Angestellte sowie Volontäre, Praktikanten und Lehrlinge. Durch den Ausschluß dieser Angestellten soll erreicht werden, daß das in der Statistik nachgewiesene Gehalt den unter regulären Verhältnissen erzielten Verdienst angibt[14]. Ausgewiesen werden die durchschnittlichen Monatsverdienste in der Gliederung nach Wirtschaftsgruppen, Geschlecht, Beschäftigungsart (kaufmännisch oder technisch) und Leistungsgruppen. Die bisher vorliegenden Ergebnisse für den Großhandel sind in den Tabellen 7 und 8 des Anhangs dargestellt.

Ein Vergleich dieser durchschnittlichen Bruttoverdienste mit denen in anderen Wirtschaftszweigen ist nicht möglich, da die Beschäftigtenstruktur zwar nach Geschlecht, Leistungsgruppe und Beschäftigungsart, nicht aber nach anderen — die Gehaltshöhe ebenfalls bestimmenden — Merkmalen, wie Alter, Familienstand, Betriebszugehörigkeit, Zahl der Berufsjahre, verglichen werden kann. Der Wert dieser Verdienststatistik liegt daher vor allem darin, daß die *Entwicklung* des Gehaltsniveaus abgelesen werden kann.

Während die Bruttomonatsverdienste der Angestellten im Durchschnitt der erfaßten Wirtschaftsbereiche also von 1957 bis 1960 nur um 16 vH gestiegen sind, erhöhten sich die des Binnengroßhandels um 18 vH und die des Ein- und Ausfuhrhandels um 19 vH.

Die Gehälter der männlichen Angestellten stiegen hierbei merklich stärker als die der weiblichen.

Tabelle 37

Zunahme der Bruttoverdienste von Februar 1957 auf Februar 1960

Bereich	Männliche Angestellte	Weibliche Angestellte
Binnengroßhandel	+ 20	+ 15
Ein- und Ausfuhrhandel	+ 21	+ 18

Quelle: „Preise, Löhne, Wirtschaftsrechnungen", Reihe 15, Teil II: Angestelltenverdienste, Herausgeber: Statistischs Bundesamt, Wiesbaden.

Zum Vergleich sei erwähnt, daß im selben Zeitraum im gesamten Groß- und Außenhandel die tariflichen Monatsgehälter der männlichen Angestellten um 15 vH und die der weiblichen um 14 vH gestiegen sind.

Gerade bei den männlichen Angestellten sind also die effektiven Bruttomonatsgehälter in den letzten 3 Jahren stärker gestiegen als die tariflichen. Auf Schaubild 5 ist dies deutlich zu erkennen.

[14] Preise, Löhne, Wirtschaftsrechnungen, Reihe 15: Arbeitnehmerverdienste in Industrie und Handel, Teil II: Angestelltenverdienste, Februar, Mai, August, November 1957, Seite 4 f.

Bruttomonatsverdienste und tarifliche Monatsgehälter der Angestellten im Großhandel
Februar 1957 = 100

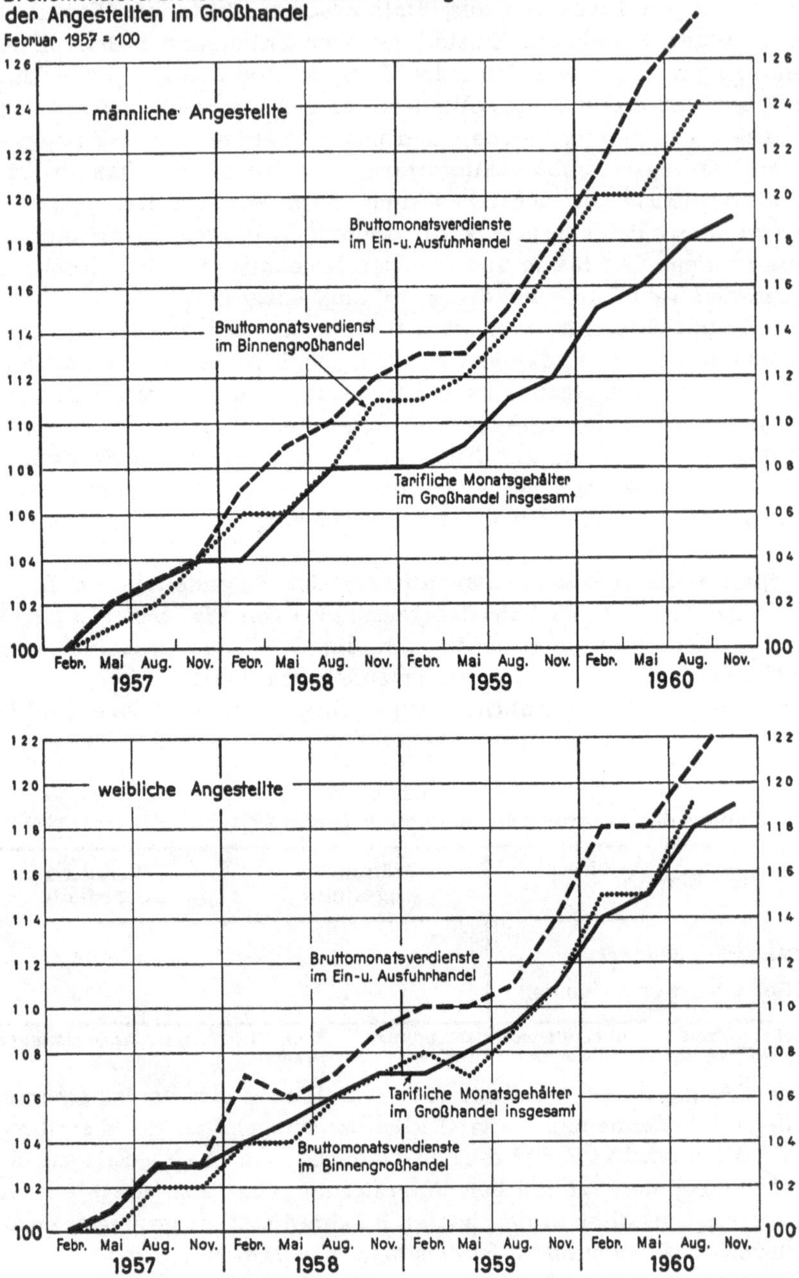

Quellen: Stat. Bundesamt, Preise, Löhne, Wirtschaftsrechnungen, Reihe 11: Tariflöhne u. Tarifgehälter, Reihe 15: Arbeitnehmerverdienste in Industrie u. Handel

IFO-INSTITUT für Wirtschaftsforschung München 94/61

Schaubild 5

Die Lohn- und Gehaltsstruktur-Erhebung des Statistischen Bundesamtes vom Oktober 1957 erlaubt es auch, Tarifverdienste und Effektivverdienste der Angestellten in den einzelnen Wirtschaftsbereichen zu vergleichen. Für den Binnengroßhandel ergibt sich dabei folgendes Bild:

Tabelle 38

Effektiver und tariflicher Monatsverdienst der kaufmännischen Angestellten a) im Binnengroßhandel
(Oktober 1957)

Leistungsgruppe	Verdienst nach Tarif in DM	Effektivverdienst	
		in DM	in vH des Tarifgehalts
	a) männliche Angestellte		
I b	678	1 122	165
II	578	714	124
III	443	528	119
IV	298	344	115
V	248	275	111
alle	*421*	*503*	*120*
	b) weibliche Angestellte		
I b	.	.	.
II	555	635	114
III	396	430	109
IV	281	305	109
V	213	229	108
alle	*316*	*343*	*109*

Quelle: Berechnet nach „Verdienste der Angestellten in Industrie und Handel", Statistische Berichte, Arb. Nr. VI/12/4, Statistisches Bundesamt.
a) Unter eine Tarifregelung fallende Angestellte.

Im Durchschnitt bezahlte der Großhandel im Oktober 1957 den kaufmännischen Angestellten also Gehälter, die um 20 vH über den tariflichen Sätzen lagen. Die Effektivverdienste der weiblichen kaufmännischen Angestellten waren im Durchschnitt um 9 vH höher und die der männlichen technischen Angestellten um 14 vH. Bemerkenswert ist, daß der Anteilsatz des übertariflichen Gehaltszuschlags in der Leistungsgruppe I b (bei den männlichen kaufmännischen Angestellten z. B. mit 65 vH) weitaus am höchsten ist[15], dann laufend abnimmt und in der Leistungsgruppe V (bei den männlichen kaufmännischen Angestellten mit 11 vH) am geringsten ist. Mit anderen Worten: Die anspruchsvollere und

[15] Es ist hierbei allerdings zu berücksichtigen, daß die Tarifvereinbarungen des Groß- und Außenhandels in der obersten Gehaltsgruppe für die leitenden Angestellten meist — lediglich für Baden-Württemberg, Bayern und Schleswig-Holstein besteht eine Ausnahme — nur ein Mindestgehalt vorschreiben. Der Anteilssatz von 65 vH ist also überhöht; die Tendenz der Entwicklung wird jedoch zweifellos richtig angezeigt.

leitende Tätigkeit wird in stärkerem Maße durch übertarifliche Gehaltzulagen honoriert als geringerwertige Hilfsdienste. Hieraus läßt sich u. a. in Bezug auf die Struktur des Arbeitskräftefehlbestandes schließen, daß Spitzenkräfte besonders knapp sind.

Im Ein- und Ausfuhrhandel ist die Spanne zwischen Tarifverdienst und Effektivverdienst noch merklich größer als im Binnengroßhandel Im Durchschnitt dieses Bereichs lagen die Effektivgehälter zum Erhebungszeitpunkt (Oktober 1957) bei den männlichen kaufmännischen Angestellten um 28 vH und bei den weiblichen kaufmännischen Angestellten um 15 vH über den tariflich vereinbarten Sätzen.

Tabelle 39

Effektiver und tariflicher Monatsverdienst der kaufmännischen Angestellten[a]) im Ein- und Ausfuhrhandel

(Oktober 1957)

Leistungs-gruppe	Verdienst nach Tarif in DM	Effektivverdienst	
		in DM	in vH des Tarifgehalts
	a) männliche Angestellte		
II	582	790	136
III	427	528	124
IV	299	362	121
alle	*450*	*577*	*128*
	b) weibliche Angestellte		
III	377	434	115
IV	280	326	116
V	250	280	112
alle	*338*	*389*	*115*

Quelle: Berechnet nach „Verdienste der Angestellten in Industrie und Handel", Statistische Berichte, Arb. Nr. VI/12/4, Statistisches Bundesamt.

a) Unter eine Tarifregelung fallende Angestellte.

Die Lohn- und Gehaltsstruktur-Erhebung vom Oktober 1957 bietet die Möglichkeit, Tarifgehälter und Effektivverdienste der Angestellten in den einzelnen Wirtschaftsbereichen zu vergleichen. Man kommt hierbei zu der interessanten Feststellung, daß im Durchschnitt der erfaßten Wirtschaftsbereiche die Effektivgehälter der männlichen kaufmännischen Angestellten nur um 16 vH über den Tarifgehältern liegen gegenüber 20 vH im Binnengroßhandel und sogar 28 vH im Ein- und Ausfuhrhandel.

Tabelle 40

Durchschnittliche Effektivverdienste männlicher Angestellter[a]) in vH der Tarifgehälter in ausgewählten Wirtschaftsbereichen
(Oktober 1957)

Wirtschaftsbereich	kaufmännische Angestellte	technische Angestellte
Alle erfaßten Wirtschaftsbereiche	*116*	*115*
darunter:		
Ein- und Ausfuhrhandel	*128*	.
Chemische Industrie	124	123
Einzelhandel	124	118
Binnengroßhandel	*120*	*114*
Eisen- und Stahlindustrie	118	120
Elektrotechnik	117	114
Maschinenbau	116	118
Textilgewerbe	115	120
Ledererzeugung und -verarbeitung	115	117
Handelsvertretung, Vermittlung, Werbung und Verleih	113	117
Fahrzeugbau	113	113
Bekleidungsgewerbe	112	111
Holzverarbeitung	110	113
Geld-, Bank- und Börsenwesen	108	.
Versicherungswesen	107	.
Bau-, Ausbau- und Bauhilfsgewerbe	106	111
Bergbau, Industrie der Steine und Erden, Energiewirtschaft	106	109

Quelle: Berechnet nach „Verdienste der Angestellten in Industrie und Handel", Statistische Berichte, Arb. Nr. VI/12/4, Statistisches Bundesamt.
a) Unter eine Tarifregelung fallende Angestellte.

Ein ähnliches Bild zeigt sich bei den weiblichen kaufmännischen Angestellten. (Vgl. Tab. 41.)

Über Häufigkeit und Ausmaß übertariflicher Bezahlung im Großhandel hat auch das Ifo-Institut Erhebungen angestellt, die einerseits globaler sind als die des Statistischen Bundesamtes, da sie auch die gewerblichen Kräfte einschließen, andererseits aber differenzierter, da teilweise die Verhältnisse in bestimmten Berufen erfaßt wurden.

Nach einer im Dezember 1959 durchgeführten Erhebung richteten sich im Jahre 1959 nur 8 vH aller Firmen des einzelwirtschaftlichen Binnengroßhandels prinzipiell nach den tariflichen Bestimmungen. Ein Viertel bezahlte an alle Arbeitnehmer übertarifliche Gehälter und

Tabelle 41

Durchschnittliche Effektivverdienste weiblicher kaufmännischer Angestellter [a]) in vH der Tarifgehälter in ausgewählten Wirtschaftsbereichen

(Oktober 1957)

Wirtschaftsbereich	kaufmännische Angestellte
Alle erfaßten Wirtschaftsbereiche	*108*
darunter:	
Ein- und Ausfuhrhandel	*115*
Chemische Industrie	110
Einzelhandel	110
Eisen- und Stahlindustrie	110
Binnengroßhandel	*109*
Elektrotechnik	108
Maschinenbau	108
Fahrzeugbau	108
Textilgewerbe	107
Ledererzeugung und -verarbeitung	107
Handelsvertretung, Vermittlung, Werbung und Verleih	106
Bekleidungsgewerbe	106
Holzverarbeitung	106
Geld-, Bank- und Börsenwesen	104
Bau-, Ausbau- und Bauhilfsgewerbe	104
Versicherungswesen	103
Bergbau, Industrie der Steine und Erden, Energiewirtschaft	103

Quelle: Berechnet nach „Verdienste der Angestellten in Industrie und Handel", Statistische Berichte, Arb. Nr. VI/12/4, Statistisches Bundesamt.

a) Unter eine Tarifregelung fallende Angestellte.

Löhne. Der größte Teil der Firmen — rd. zwei Drittel — entlohnte zwar einen Teil der Mitarbeiter nach den tariflichen Bestimmungen, einen anderen aber zu höheren Sätzen.

Insgesamt wurden an 54 vH der bei den befragten Binnengroßhandelsfirmen beschäftigten Personen höhere Gehälter bzw. Löhne bezahlt, als es den Tarifverträgen entsprochen hätte. Bei den restlichen 46 vH entsprach die Vergütung den gültigen Tarifen. In den Produktionsgüter- und Rohstoffbranchen des Großhandels wurde erheblich häufiger übertariflich bezahlt als in den Konsumgüterbranchen.

Eklatante Unterschiede ergaben sich auch innerhalb der einzelnen Hauptgruppen. Im Eisen- und Stahlhandel wurden nur 15 vH der Angestellten nach Tarif bezahlt, alle übrigen übertariflich (vgl. Tab. 9 im Anhang).

Tabelle 42

Die Entlohnung der Beschäftigten in den Hauptbereichen des einzelwirtschaftlichen Großhandels
(Stand: Dezember 1959)

Bereich	... vH der Firmen bezahlten die Mitarbeiter			von den Beschäftigten wurden ... vH	
	ausschl. nach den tariflichen Bestimmungen	ausschl. übertariflich	teils tariflich, teils übertariflich	nach den tariflichen Bestimmungen	übertariflich
				bezahlt	
Konsumgütergroßhandel	8	15	77	50	50
Rohstoff- u. Produktionsverbindungshandel	9	47	44	39	61
Großhandel insges. ..	*8*	*25*	*67*	*46*	*54*

Quelle: Sondererhebung des Ifo-Instituts im Rahmen des Konjunkturtests.

Ein sehr differenziertes Bild ergab sich auch bei der — ebenfalls im Dezember 1959 durchgeführten — Befragung des Importgroßhandels, deren Ergebnisse in Tabelle 10 im Anhang dargestellt sind.

Es wurde schon erwähnt, daß in Bremen, wo viele Importhäuser ansässig sind, kein Tarifvertrag abgeschlossen wurde und die Vergütungen frei zwischen Arbeitgebern und Arbeitnehmern vereinbart werden.

Die Höhe der übertariflichen Bezahlung beträgt im Durchschnitt des gesamten Großhandels nach der Mitte 1960 durchgeführten Erhebung des *Ifo-Instituts* über die globalen Lohn- und Gehaltsaufwendungen pro Arbeitnehmer (Durchschnitt aus Männern und Frauen, Angestellten und Arbeitern) und pro Monat DM 55,— oder 14,5 vH der tariflichen Vergütung (vgl. Tabelle 27 und 28). Im Produktionsgüter- und Rohstoffhandel ist die übertarifliche Vergütung — sowohl absolut als auch relativ — höher als im Konsumgütergroßhandel.

Im Rahmen dieser Erhebung des *Ifo-Instituts* konnte weiter festgestellt werden, daß die übertariflichen Gehalts- und Lohnaufschläge bei den umsatzstärkeren Firmen größer sind als bei den umsatzschwächeren.

Tabelle 43

Übertarifliche Bezahlung je beschäftigte Person in den Hauptbereichen des Großhandels
(im Monatsdurchschnitt 1959)

Bereich	in DM	in vH der Vergütung nach Tarif
Großhandel insgesamt	*55*	*14,5*
Konsumgütergroßhandel ..	34	9,8
Rohstoff- und Produktionsverbindungshandel	67	16,9

Quelle: Sondererhebung des Ifo-Instituts.

Tabelle 44

Übertarifliche Bezahlung je beschäftigte Person nach den Umsatzgrößen der befragten Firmen
(im Monatsdurchschnitt 1959)

Firmengröße	in DM	in vH der Vergütung nach Tarif
Großhandel insgesamt	*55*	*14,5*
davon:		
Firmen mit Umsätzen unter 2 Mill. DM	43	13,5
Firmen mit Umsätzen von 2 Mill. DM und mehr ...	58	14,7

Quelle: Sondererhebung des Ifo-Instituts.

Tabelle 45

Übertarifliche Bezahlung von Beschäftigten in einigen typischen Großhandelsberufen
(im Monatsdurchschnitt 1959)

Beruf	in DM	in vH der Vergütung nach Tarif
Buchhaltungshilfskraft, weiblich, Angestellte	53	15,7
Fakturistin bzw. Kontoristin, weiblich, Angestellte	47	13,8
Verkäufer, männlich, Angestellter	132	27,7
Lagerhilfskraft, männlich, gewerbliche Kraft	63	21,0

Quelle: Sondererhebung des Ifo-Instituts.

Je nach Beruf oder Tätigkeit ist der Prozentsatz der übertariflichen Vergütung, wie sie im Monatsgehalt bzw. Stunden- oder Wochenlohn zum Ausdruck kommt, sehr verschieden, wie die Tabelle 45 zeigt.

Sowohl absolut als auch relativ ist von den vier ausgewählten Berufen die übertarifliche Vergütung für die Verkaufskraft also mit Abstand am höchsten.

Ob und in welchem Maße andere Kriterien als die Art der Tätigkeit für die Zahlung von übertariflichen Gehältern bzw. Löhnen maßgebend sind, ist den folgenden Tabellen mit den Ergebnisaufgliederungen nach Alter, Dauer der Betriebszugehörigkeit, Berufsjahren und Familienstand der Beschäftigten zu entnehmen.

Tabelle 46

Effektiver und tariflicher Monatsverdienst in vier typischen Großhandelsberufen

gegliedert nach dem Alter

(im Dezember 1959)

Altersgruppe	Durchschnittlicher		
	Brutto-Monats-verdienst nach Tarif in DM	effektiver Brutto-Monats-verdienst	
		in DM	in vH des Tarifgehalts
1. Fall: Buchhaltungshilfskraft, weiblich, kaufmännische Angestellte			
unter 20	230	266	116
20—35	335	394	118
36—50	468	524	112
über 50	459	494	108
2. Fall: Fakturistin bzw. Kontoristin, kaufmännische Angestellte			
unter 20	234	273	117
20—35	329	376	114
36—50	438	488	112
über 50	439	497	113
3. Fall: Verkäufer, kaufmännischer Angestellter			
unter 35	441	550	125
36—50	563	735	131
über 50	493	638	130
4. Fall: Lagerhilfskraft, männlich, gewerbliche Kraft			
unter 35	272	329	121
36—50	373	456	122
über 50	376	433	115

Quelle: Sondererhebung des Ifo-Instituts.

Sieht man vom Beispiel des Verkäufers ab, so zeigt sich deutlich die Tendenz, daß der Anteil der übertariflichen Vergütung mit zunehmendem Alter zurückgeht. Dies mag zunächst überraschen, wird aber verständlich, wenn man bedenkt, daß nach den Tarifverträgen für die Angestellten in den meisten Bundesländern das Alter das wesentlichste Kriterium für die Höhe der Bezahlung ist. Leistungsmäßig gleichwertige jüngere Angestellte erhalten nach Tarif eine erheblich geringere Vergütung als ältere. Gerade an jüngeren Kräften besteht aber ein erheblicher Mangel auf dem Arbeitsmarkt; um sie werben die anderen Wirtschaftsbereiche in ganz besonderem Maße. Aus diesem Blickwinkel wird es verständlich, wenn die Unternehmer für diese besonders gesuchten Arbeitskräfte durch übertarifliche Bezahlung einen gewissen Ausgleich für die niedrigeren Tarifverdienste schaffen.

Tabelle 47

Effektiver und tariflicher Monatsverdienst in vier typischen Großhandelsberufen

gegliedert nach der Dauer der Betriebszugehörigkeit (im Dezember 1959)

Betriebszugehörigkeit in Jahren	Durchschnittlicher Brutto-Monatsverdienst nach Tarif in DM	effektiver Brutto-Monatsverdienst in DM	effektiver Brutto-Monatsverdienst in vH des Tarifgehalts
1. Fall: Buchhaltungshilfskraft, weiblich, kaufmännische Angestellte			
unter 3	294	336	114
3—10	332	387	117
11 und mehr ..	475	540	114
2. Fall: Fakturistin bzw. Kontoristin, kaufmännische Angestellte			
unter 3	306	353	115
3—10	336	384	114
11 und mehr ..	452	501	111
3. Fall: Verkäufer, kaufmännischer Angestellter			
unter 3	431	551	128
3—10	457	580	127
11 und mehr ..	541	692	128
4. Fall: Lagerhilfskraft, männlich, gewerbliche Kraft			
unter 3	344	406	118
3—10	350	437	125
11 und mehr ..	390	430	110

Quelle: Sondererhebung des Ifo-Instituts.

Es ist überraschend, daß die Dauer der Betriebszugehörigkeit nicht besonders erkennbar durch übertarifliche Gehalts- und Lohnsätze honoriert wird. Auch hier mag allerdings ausschlaggebend sein, daß es sich bei den Kräften mit längerer Betriebszugehörigkeit im allgemeinen um ältere Kräfte handelt, so daß auch hier die zur Tabelle 46 gemachten Ausführungen zutreffen.

Tabelle 48

Effektiver und tariflicher Monatsverdienst in vier typischen Großhandelsberufen

gegliedert nach der Zahl der Berufsjahre (im Dezember 1959)

Zahl der Berufsjahre	Durchschnittlicher Brutto-Monatsverdienst nach Tarif in DM	Durchschnittlicher effektiver Brutto-Monatsverdienst in DM	Durchschnittlicher effektiver Brutto-Monatsverdienst in vH des Tarifgehalts
1. Fall: Buchhaltungshilfskraft, weiblich, kaufmännische Angestellte			
unter 3	229	264	115
3—15	327	381	117
16 und mehr ..	470	538	114
2. Fall: Fakturistin bzw. Kontoristin, kaufmännische Angestellte			
unter 3	239	277	116
3—15	333	380	114
16 und mehr ..	441	500	113
3. Fall: Verkäufer, kaufmännischer Angestellter			
unter 3	260	390	150
3—15	460	584	127
16 und mehr ..	530	673	127
4. Fall: Lagerhilfskraft, männlich, gewerbliche Kraft			
unter 3	313	375	120
3—15	343	415	121
16 und mehr ..	375	447	119

Quelle: Sondererhebung des Ifo-Instituts.

Auch diese Ergebnisse bestätigen, daß die jüngeren Arbeitskräfte mit geringer Zahl von Berufsjahren in besonderem Maße umworben sind und durch überdurchschnittlich hohe übertarifliche Bezahlung an den Betrieb gebunden werden sollen. Bei älteren Angestellten mit vielen Berufsjahren besteht viel weniger die Gefahr, daß sie in andere Wirtschaftsbereiche abwandern bzw. ihren Beruf wechseln.

Der Familienstand der Beschäftigten scheint für die Höhe der übertariflichen Gehalts- bzw. Lohnsätze keine wesentliche Rolle zu spielen.

Tabelle 49

Effektiver und tariflicher Monatsverdienst in vier typischen Großhandelsberufen

gegliedert nach dem Familienstand (im Dezember 1959)

Familienstand	Durchschnittlicher Brutto-Monatsverdienst nach Tarif in DM	Durchschnittlicher effektiver Brutto-Monatsverdienst in DM	Durchschnittlicher effektiver Brutto-Monatsverdienst in vH des Tarifgehalts
1. Fall: Buchhaltungshilfskraft, weiblich, kaufmännische Angestellte			
ledig	321	371	116
verheiratet ...	375	428	114
2. Fall: Fakturistin bzw. Kontoristin, kaufmännische Angestellte			
ledig	325	374	115
verheiratet ...	379	428	113
3. Fall: Verkäufer, kaufmännischer Angestellter			
ledig	367	459	125
verheiratet ...	513	659	129
4. Fall: Lagerhilfskraft, männlich, gewerbliche Kraft			
ledig	317	385	121
verheiratet ...	372	441	119

Quelle: Sondererhebung des Ifo-Instituts.

b) Sonstige freiwillige Leistungen

Die Leistungen der Unternehmungen für ihre Mitarbeiter erschöpfen sich in der Regel nicht in den Gehalts- und Lohnzahlungen. Die Skala der sonstigen Leistungen reicht vom 13. oder 14. Monatsgehalt über vielfältige andere freiwillige Leistungen bis zur Möglichkeit, die Waren des Unternehmens verbilligt zu beziehen. Es sollen hier nur die freiwilligen Leistungen des Großhandels untersucht werden, nicht die gesetzlichen, da diese für alle Wirtschaftsbereiche einheitlich geregelt sind und daher als Grund und Anreiz für einen Arbeitsplatzwechsel nicht in Frage kommen. Für den einzelnen Unternehmer können die gesetzlichen Sozialaufwendungen allerdings je nach Wirtschaftszweig und Betriebsgröße von sehr unterschiedlichem Gewicht sein, wie beispielsweise ein im Auftrag des Bundeswirtschaftsministeriums erstelltes Gutachten[16], allerdings nur am Beispiel von Industrie und Handwerk, nachwies. Die Untersuchung ergab u. a., daß die Klein- und Mittelbetriebe, die grundsätzlich lohnintensiver als die Großbetriebe sind, durch die bestehende Bindung der gesetzlichen Sozialabgaben an die Lohnsumme schlechter gestellt sind als die Großbetriebe.

Im Rahmen der Gehalts- und Lohnstrukturerhebung für das Jahr 1957 hat das Statistische Bundesamt u. a. Art und Höhe der Beträge ermittelt, die im Jahre 1957 außer den Gehältern und Löhnen von den Arbeitgebern für ihre Arbeitnehmer aufgewendet wurden. Die Ergebnisse dieser Erhebung sind allerdings für die Aufgabenstellung dieser Arbeit nur beschränkt verwendbar, da

a) Unternehmen mit weniger als 20 Beschäftigten nicht einbezogen wurden,

b) der Großhandel nicht gesondert ausgewiesen wurde, sondern in der Position „Handel, Geld- und Versicherungswesen" enthalten ist und

c) eine klare Trennung der gesetzlichen Sozialleistungen von den freiwilligen Leistungen nicht möglich ist.

Dennoch sollen einige globale Ergebnisse aus dieser Erhebung dargestellt werden, da sie interessante Entwicklungstendenzen erkennen lassen.

1. Die Höhe der Lohnnebenkosten — gemessen an der Lohn- und Gehaltssumme — ist im Handel, Geld- und Versicherungswesen wesentlich höher als im Durchschnitt der Wirtschaft.

Tabelle 50

Lohnnebenkosten je 100 DM bereinigte Lohn- und Gehaltssumme

Wirtschaftsbereich	DM
Bergbau, Steine und Erden, Energiewirtschaft	68,22
Eisen- und Metallerzeugung und -verarbeitung	41,89
Verarbeitendes Gewerbe	40,24
Bau-, Ausbau- und Bauhilfsgewerbe	28,36
Handel, Geld- und Versicherungswesen	*51,60*
Zusammen	*44,40*

Quelle: „Die Aufwendungen der Unternehmen für ihre Arbeitnehmer im Jahre 1957", Statistische Berichte, Arb. Nr. VI/12/5, Statistisches Bundesamt.

[16] „Beeinflussung der Konzentration durch die Sozialpolitik. Die wirtschaftlichen Auswirkungen der gesetzlichen Sozialabgaben auf die lohnintensiven Mittel- und Kleinbetriebe", Gutachten, dem Bundesministerium für Wirtschaft vorgelegt im September 1959 von J. Heinz Müller, Freiburg/Brsg., veröffentlicht in „Die Konzentration der Wirtschaft", herausgegeben von Helmut Arndt, Bd. 2, Berlin 1960, S. 1425 ff.

2. Je größer das Unternehmen ist, um so höher sind die Lohnnebenkosten.

Tabelle 51

Lohnnebenkosten je 100 DM bereinigte Lohn- und Gehaltssumme im Handel, Geld- und Versicherungswesen nach Unternehmensgrößenklassen

Unternehmen mit ... Arbeitnehmern	DM
20 bis 49	36,75
50 bis 99	39,81
100 bis 499	48,30
500 bis 999	56,13
1000 und mehr	68,43

Quelle: „Die Aufwendungen der Unternehmen für ihre Arbeitnehmer im Jahre 1957", Statistische Berichte, Arb. Nr. VI/12/5, Statistisches Bundesamt.

3. Die im Durchschnitt niedrigeren Bruttoverdienste im Handel, Geld- und Versicherungswesen werden durch höhere Lohnnebenkosten stärker angehoben als in den anderen Wirtschaftsbereichen.

Wie sich die Lohnnebenkosten im Handel, Geld- und Versicherungswesen zusammensetzen, ist in Tabelle 11 des Anhangs gezeigt.

Die freiwilligen Aufwendungen der Arbeitgeber für ihre Arbeitnehmer sind zum Teil direkter Natur, d. h. sie kommen dem einzelnen Beschäftigten unmittelbar in Geld- oder Sachwerten zugute. Hierher gehören beispielsweise Gratifikationen, Umsatz- und Gewinnbeteiligungen, Fahrtkosten- und Essenszuschüsse owie Urlaubsgelder. Daneben gibt es aber auch freiwillige Leistungen, die der Belegschaft nur indirekt zugute kommen, etwa dadurch, daß sie sich gewisser Einrichtungen bedienen, an Betriebsfeiern und -ausflügen kostenlos teilnehmen kann, in den Genuß einer betrieblichen Altersversorgung kommt usw.

aa) Direkt gewährte freiwillige Leistungen

In der Lohn- und Gehaltsstrukturerhebung für das Jahr 1951 wurden die sogenannten *Jahressonderzuwendungen* der Unternehmer an die Beschäftigten erfaßt. Darunter wurden allerdings nur Gratifikationen, 13. Monatsgehälter und Ergebnisbeteiligungen verstanden. Im Durchschnitt der männlichen kaufmännischen Angestellten des Großhandels machten diese Sonderzuwendungen im Jahre 1951 rd. 6,5 vH des Bruttojahresverdienstes aus, im Durchschnitt der weiblichen Angestellten 5,1 vH.

Die nachstehende Tabelle macht deutlich, daß die Jahressonderzuwendungen für Angestellte mit höherwertigen Tätigkeiten nicht nur absolut, sondern auch relativ größer sind als für Angestellte mit einfacheren

Tabelle 52

Jahressonderzuwendungen[a]) an die kaufmännischen Angestellten des Großhandels im Jahre 1951

Leistungsgruppe	Durchschnittliche(r) Bruttojahresverdienst in DM	Jahressonderzuwendung in DM	Jahressonderzuwendung in vH[b])
	a) männliche Angestellte		
Ib	9617	1230	12,8
II	6705	606	9,0
III	4854	258	5,3
IV	3332	142	4,3
V	2736	109	4,0
zusammen	*4692*	*304*	*6,5*
	b) weibliche Angestellte		
Ib	7945	1219	15,3
II	5485	471	8,6
III	3912	215	5,5
IV	2789	127	4,6
V	2139	86	4,0
zusammen	*3076*	*157*	*5,1*

Quelle: „Die Verdienste der Angestellten in der gewerblichen Wirtschaft im November 1951", Statistik der Bundesrepublik Deutschland, Bd. 91.

a) Gratifikationen, 13. Monatsgehälter, Ergebnisbeteiligungen.

b) Des Bruttojahresverdienstes.

Tätigkeiten. Diese Struktur dürfte auch heute noch gültig sein; die absoluten Zahlen sind allerdings veraltet. Interessante Strukturunterschiede zeigen auch die folgenden Übersichten. In Tabelle 53 sind die Sonderzuwendungen nach Betriebsgrößenklassen aufgeschlüsselt. Nicht nur absolut, sondern auch relativ wurden den Angestellten 1951 in den größeren Betrieben höhere Jahressonderzuwendungen gewährt als in den kleineren. Man kann annehmen, daß diese Feststellung nicht nur für den Handel und das Geld- und Versicherungswesen insgesamt gilt, sondern auch speziell für den Großhandel.

Vergleicht man Höhe und Anteil der Sonderzuwendungen in den verschiedenen Wirtschaftsbereichen, so zeigt sich, daß die Angestellten im Großhandel ganz hervorragend abschneiden. Die durchschnittlich gewährten Jahressonderzuwendungen liegen sowohl absolut als auch relativ wesentlich höher als in der übrigen Wirtschaft (vgl. Tab. 12 im Anhang).

Vergleichszahlen aus späteren Jahren hat die amtliche Statistik für den Großhandel nicht ermittelt bzw. nicht ausgewiesen. Die schon mehrfach erwähnten Erhebungen des Ifo-Instituts vom Jahre 1960 bieten jedoch aktuelles Material, das zudem weiter aufgegliedert ist.

Tabelle 53

Jahressonderzuwendungen an die männlichen Angestellten im Handel, Geld- und Versicherungswesen nach Betriebsgrößen im Jahre 1951

Angestellte in Betrieben mit ... Beschäftigten	Durchschnittliche(r)		
	Bruttojahresverdienst	Jahressonderzuwendung	
	in DM	in DM	in vH
2— 9	4044,12	224,39	5,5
10— 99	4684,56	310,84	6,6
100—999	5483,28	513,90	9,9
1000 und mehr ..	6027,48	556,50	9,2
insgesamt	*4639,68*	*319,14*	*6,9*

Quelle: „Die Verdienste der Angestellten in der gewerblichen Wirtschaft im November 1951", Statistik der Bundesrepublik Deutschland, Bd. 91.

Gratifikationen sowie 13. bzw. weitere Monatsgehälter

In einer Umfrage im Juli 1959 hat das *DIVO-Institut* einen repräsentativen Querschnitt der Arbeitnehmer Westdeutschlands und Westberlins darüber befragt, welche Sozialleistungen von den Arbeitgebern gewährt werden[17]. Es ergab sich hierbei u. a., daß 66 vH der Befragten eine Gratifikation, ein 13. Monatsgehalt u. ä. erhalten.

Nach einer im Dezember 1958 von der *GFM/Gesellschaft für Marktforschung mbH, Hamburg,* im Auftrag des *Arbeitgeberverbandes Groß- und Außenhandel Hamburg e. V.* durchgeführten Untersuchung[18] erhalten von den befragten männlichen Angestellten in Hamburgs Industrie und Groß- und Außenhandel 82 vH eine Weihnachtsgratifikation und rd. ein Viertel ein 13. Monatsgehalt. Bemerkenswert ist, daß nach dieser Erhebung die Gewährung eines 13. Monatsgehalts im Großhandel verbreiteter ist als in der Industrie (Groß- und Außenhandel: 26 vH, Industrie: 22 vH der männlichen Angestellten). Von den weiblichen Büroangestellten des Hamburger Groß- und Außenhandels erhalten 32 vH ein 13. Monatsgehalt, von den weiblichen Büroangestellten der Industrie dagegen nur 27 vH.

Die *Deutsche Angestellten-Gewerkschaft, Ortsgruppe Hamburg,* hat im Herbst 1960, also mehr als ein Jahr später, eine ähnliche Umfrage im Kreise der im Hamburger Groß- und Außenhandel beschäftigten Arbeitnehmer durchgeführt, wobei je 5 Arbeitnehmer beiderlei Geschlechts in ca. 100 Betrieben, insgesamt also rd. 1000 Personen befragt wurden. Davon erhalten

---

17 DIVO-Pressedienst, September II — 1959, Frankfurt/Main.

18 Einstellung zu Beruf und Arbeitsstelle (unveröffentlichtes Manuskript).

15 vH 14 Monatsgehälter
5 vH 13½ Monatsgehälter und
15 vH 13 Monatsgehälter,

insgesamt also 35 vH mehr als 12 Monatsgehälter[19].

Nach der Erhebung des *Ifo-Instituts* bezog im Jahre 1959 jede im westdeutschen Großhandel beschäftigte Person durchschnittlich DM 269,— an Gratifikationen bzw. an dreizehnten oder weiteren Monatsgehältern, das sind 5,9 vH der jährlichen Arbeitsvergütung nach Tarif.

Tabelle 54

Gratifikationen sowie 13. bzw. weitere Monatsgehälter je Arbeitnehmer im Großhandel im Jahre 1959

a) nach Bereichen

Bereich	in DM	in vH der jährlichen Arbeitsvergütung nach Tarif
Konsumgütergroßhandel	222	5,3
Rohstoff- und Produktionsverbindungshandel	295	6,2
Großhandel insgesamt	*269*	*5,9*

b) nach den Umsatzgrößen der Firmen

Firmengröße	in DM	in vH der jährlichen Arbeitsvergütung nach Tarif
Firmen mit Umsätzen unter 2 Mill. DM	133	3,5
Firmen mit Umsätzen von 2 Mill. DM und mehr	317	6,7
Großhandel insgesamt	*269*	*5,9*

Quelle: Sondererhebung des Ifo-Instituts.

Die schon früher getroffene Feststellung, daß die Beschäftigten in den Produktionsgüterbranchen im Durchschnitt besser gestellt werden als die in Konsumgüterbranchen tätigen Personen und die Beschäftigten in größeren Betrieben im Durchschnitt höhere Zusatzvergütungen erhalten als ihre Kollegen in kleineren Betrieben, gilt auch für Gratifikationen bzw. zusätzliche Gehälter. Zu der Feststellung, daß Gratifikationen, 13. Monatsgehälter und dergleichen in größeren Betrieben häufiger gewährt

[19] Schreiben der Deutschen Angestellten-Gewerkschaft, Ortsgruppe Hamburg, vom 9. November 1960.

werden als in kleineren, ist — für den Gesamtbereich der Wirtschaft — auch das *DIVO-Institut* in seiner früher erwähnten Erhebung gekommen. Danach erhielten in Betrieben mit 1—9 Beschäftigten 50 vH der Befragten eine Weihnachtsgratifikation oder ein 13. Monatsgehalt, in Betrieben mit 10—49 Beschäftigten 59 vH, in Betrieben mit 50—199 Beschäftigten 71 vH, in Betrieben mit 200—1000 Beschäftigten 85 vH und in Betrieben mit mehr als 1000 Beschäftigten sogar 92 vH.

Von den vier in der Erhebung des Ifo-Instituts erfaßten Großhandelsberufen stellt sich der Verkäufer hinsichtlich der Höhe der Gratifikation bzw. hinsichtlich der zusätzlichen Gehälter am günstigsten.

Tabelle 55

Gratifikationen sowie 13. bzw. weitere Monatsgehälter für vier ausgewählte Großhandelsberufe im Jahre 1959

Beruf	in DM	in vH des tariflichen Entgelts
Buchhaltungshilfskraft, weiblich, kaufmännische Angestellte	235	5,8
Fakturistin bzw. Kontoristin, kaufmännische Angestellte	229	5,6
Verkäufer, Angestellter	371	6,5
Lagerhilfskraft, männlich, gewerblich	143	4,0

Quelle: Sondererhebung des Ifo-Instituts.

Die Aufgliederung der Ergebnisse nach den verschiedenen persönlichen Merkmalen der Beschäftigten zeigt, daß die Gewährung von Gratifikationen bzw. zusätzlichen Monatsgehältern vorwiegend nicht auf die Leistung der Beschäftigten abgestellt, sondern in starkem Maße Sozialleistung ist. Darauf deutet beispielsweise hin, daß Verheiratete im Durchschnitt wesentlich höhere Gratifikationen erhalten als ledige Arbeitnehmer. Ein enger Zusammenhang besteht zwischen Höhe der Zusatzvergütung und der Dauer der Betriebszugehörigkeit. Die — nicht nur absolut, sondern auch relativ — höheren Gratifikationen bzw. Zusatz-Gehälter sind vielfach als Dank für langjährige Betriebstreue gedacht.

Eine eindeutige Korrelation zwischen den angesprochenen Zusatzvergütungen und dem Alter der Beschäftigten besteht anscheinend nur für die männlichen Arbeitnehmer, die mit zunehmendem Alter absolut und relativ steigende Gratifikationen erhalten. Bei den weiblichen Beschäftigten erhalten die Kräfte zwischen 20 und 35 Jahren — an ihren Tarifgehältern gemessen — die höchsten Gratifikationen.

Tabelle 56

Gratifikationen sowie 13. bzw. weitere Monatsgehälter

(gegliedert nach dem Alter)

Beruf	in DM				in vH des jährl. Tarifverdienstes			
	unter 20 Jahre	20 bis 35 Jahre	36 bis 50 Jahre	51 und mehr Jahre	unter 20 Jahre	20 bis 35 Jahre	36 bis 50 Jahre	51 und mehr Jahre
Buchhaltungs-hilfskraft	118	252	344	193	4,3	6,3	6,1	3,5
Fakturistin bzw. Kontoristin	133	233	283	254	4,7	5,9	5,4	4,8
Verkäufer	.	325	437	475	.	6,2	6,5	8,0
Lagerhilfskraft ..	.	114	171	181	.	3,5	3,8	4,0

(gegliedert nach der Dauer der Betriebszugehörigkeit)

Beruf	in DM			in vH des jährlichen Tarifverdienstes		
	unter 3 Jahre	3 bis 10 Jahre	11 und mehr Jahre	unter 3 Jahre	3 bis 10 Jahre	11 und mehr Jahre
Buchhaltungshilfs-kraft	156	206	437	4,4	5,2	7,7
Fakturistin bzw. Kontoristin	175	239	317	4,7	6,0	5,8
Verkäufer	237	351	414	4,5	6,4	6,4
Lagerhilfskraft	119	178	205	2,9	4,2	4,4

(gegliedert nach der Zahl der Berufsjahre)

Beruf	in DM			in vH des jährlichen Tarifverdienstes		
	unter 3 Jahre	3 bis 15 Jahre	16 und mehr Jahre	unter 3 Jahre	3 bis 15 Jahre	16 und mehr Jahre
Buchhaltungshilfs-kraft	107	228	354	3,9	5,8	6,3
Fakturistin bzw. Kontoristin	128	228	293	4,4	5,7	5,5
Verkäufer	206	335	377	6,6	6,1	5,9
Lagerhilfskraft	68	126	192	1,8	3,1	4,3

(gegliedert nach dem Familienstand)

Beruf	in DM		in vH des jährl. Tarifverdienstes	
	ledig	verheiratet	ledig	verheiratet
Buchhaltungshilfs-kraft	212	285	5,5	6,3
Fakturistin bzw. Kontoristin	229	236	5,8	5,2
Verkäufer	234	382	5,3	6,2
Lagerhilfskraft	115	184	3,0	4,1

Quelle: Sondererhebung des Ifo-Instituts.

Tabelle 57

Häufigkeit von Weihnachtsgratifikationen, 13. Monatsgehältern und ähnlichen Leistungen nach Altersgruppen

Alter in Jahren	... vH der Beschäftigten
unter 21	63
21 bis unter 30	69
30 bis unter 40	74
40 bis unter 50	66
über 50	59

Quelle: DIVO-Pressedienst, September II — 1959, Frankfurt/Main.

Tabelle 58

Umsatz- und Gewinnbeteiligungen im einzelwirtschaftlichen Großhandel im Jahre 1959

Bereich bzw. Branche	In ... vH der *Betriebe* erhalten Mitarbeiter eine Umsatz- oder Gewinnbeteiligung	Von den *Beschäftigten* erhalten ... vH eine Umsatz- oder Gewinnbeteiligung
Nahrungs- und Genußmittel	31	6
Textilien und Bekleidung	20	3
Schuhe	24	19
Papier, Bürobedarf, Schreibwaren	16	2
Eisen- und Metallwaren	36	5
Elektro- und Rundfunkartikel	25	4
Fotoapparate und -zubehör	35	10
Uhren und Schmuckwaren	29	18
Optische Artikel	25	4
Fahrräder, Mopeds u. Ersatzteile	10	8
Eisen und Stahl	19	2
Werkzeuge und Maschinen	32	3
Kfz-Ersatzteile	31	12
Elektrisches Installationsmaterial	27	2
Sanitäres Installationsmaterial	9	2
Baustoffe	32	10
Holz	16	2
Papier und Pappe	16	4
Heimtextilien	41	9
Chemikalien	23	3
Leder	8	2
Einfuhrhandel	20	5
Großhandel insgesamt	*26*	*6*

Quelle: Sondererhebung des Ifo-Instituts im Rahmen des Konjunkturtests.

Es ist interessant, daß das *DIVO-Institut* für den Durchschnitt aller Arbeitnehmer ebenfalls festgestellt hat, daß die Beschäftigten in mittleren Jahren am häufigsten Weihnachtsgratifikationen bzw. 13. Monatsgehälter erhalten. (Vgl. Tab. 57.)

Umsatz- und Gewinnbeteiligungen, Leistungsprämien

Etwa jeder vierte Großhandelsbetrieb gewährt einem Teil seiner Mitarbeiter nach unseren Ende 1959 angestellten Ermittlungen Umsatz- und Gewinnbeteiligungen oder Leistungsprämien. Insgesamt kommen etwa 6 vH der Beschäftigten (Angestellte und Arbeiter) in den Genuß solcher Leistungen. (Vgl. Tab. 58.)

Für die Angestellten im Groß- und Außenhandel Hamburgs hat die *Deutsche Angestellten-Gewerkschaft, Hamburg,* im Herbst 1960 ermittelt, daß insgesamt 11 vH eine Umsatz- oder Gewinnbeteiligung erhalten.

Umsatzbeteiligungen erhalten vorwiegend Verkäufer bzw. Reisende, Gewinnbeteiligungen in der Regel nur leitende Mitarbeiter, deren Tätigkeit maßgeblich für das Geschäftsergebnis ist. Leistungsprämien werden dagegen häufig gerade an ausführendes Personal bzw. Hilfspersonal bezahlt.

Tabelle 59

Umsatz- und Gewinnbeteiligungen sowie Leistungsprämien je Arbeitnehmer im Großhandel im Jahre 1959

a) nach Bereichen

Bereich	in DM	in vH der jährlichen Arbeitsvergütung nach Tarif
Konsumgütergroßhandel	138	3,3
Rohstoff- und Produktionsverbindungshandel	229	4,7
Großhandel insgesamt	*197*	*4,3*

b) nach den Umsatzgrößen der Firmen

Firmengröße	in DM	in vH der jährlichen Arbeitsvergütung nach Tarif
Betriebe mit Umsätzen unter 2 Mill. DM	151	4,0
Betriebe mit Umsätzen von 2 Mill. DM und mehr	210	4,4
Großhandel insgesamt	*197*	*4,3*

Quelle: Sondererhebung des Ifo-Instituts.

Im Durchschnitt der in den befragten Großhandelsbetrieben beschäftigten Personen machten die Umsatz- und Gewinnbeteiligungen sowie die Leistungsprämien im Jahre 1959 knapp 200 DM aus, das sind 4,3 vH der Arbeitsvergütung nach Tarif.

Die folgende Tabelle zeigt, wie unterschiedlich sich diese Leistungen auf die verschiedenen Tätigkeitsgruppen verteilen.

Tabelle 60

Umsatz- und Gewinnbeteiligungen sowie Leistungsprämien für vier ausgewählte Großhandelsberufe im Jahre 1959

Beruf	in DM	in vH des tariflichen Entgelts
Buchhaltungshilfskraft, weiblich, kaufmännische Angestellte	30	0,8
Fakturistin bzw. Kontoristin, kaufmännische Angestellte	24	0,6
Verkäufer, kaufmännischer Angestellter	650	11,4
Lagerhilfskraft, männlich, gewerblich	106	2,9

Quelle: Sondererhebung des Ifo-Instituts.

Prämien für Versicherungen zugunsten der Arbeitnehmer

Der Großhandel wendete im Jahre 1959 im Durchschnitt je Arbeitnehmer DM 36,— an Prämienzahlungen für Versicherungen (Lebens-, Unfall-, Altersversicherungen) zugunsten der Beschäftigten auf (im Durchschnitt des Konsumgüterhandels DM 31,—, im Durchschnitt des Produktionsverbindungshandels DM 39,—), also knapp 0,8 vH der Lohn- und Gehaltszahlungen nach Tarif.

Welche Prämienzahlungen in den von uns näher untersuchten Fällen erfolgten, wurde in Tab. 61 dargestellt.

Am Beispiel der Fakturistin konnten wir feststellen, daß auch die Prämienzahlungen für Versicherungen in einem engen Zusammenhang mit der Größe der Betriebe stehen. Nach unseren Ermittlungen betrugen 1959 die Prämienzahlungen für eine Fakturistin bzw. Kontoristin im Alter von 20—35 Jahren

in Großhandelsbetrieben mit weniger als 50 Beschäftigten .... DM 11,—

in Großhandelsbetrieben mit 50 bis unter 100 Beschäftigten .... DM 13,—

und in Großhandelsbetrieben mit mehr als 100 Beschäftigten .... DM 76,—

Tabelle 61

Prämien für Arbeitnehmer-Versicherungen je Arbeitnehmer im Großhandel im Jahre 1959

Beruf	in DM	in vH des tariflichen Entgelts
Buchhaltungshilfskraft, weiblich, kaufmännische Angestellte	12	0,3
Fakturistin bzw. Kontoristin, kaufmännische Angestellte .	16	0,4
Verkäufer, kaufmännischer Angestellter	52	0,9
Lagerhilfskraft, männlich, gewerblich	27	0,7

Quelle: Sondererhebung des Ifo-Instituts.

Naturgemäß ist die Zahlung von Prämien für Versicherungen zugunsten der Arbeitnehmer durch die Arbeitgeber als typische Sozialleistung eng an Alter und Dauer der Betriebszugehörigkeit gekoppelt, wie die in Tab. 13 im Anhang gegebene Übersicht zeigt.

Die *Hamburger Angestellten-Gewerkschaft* hat ermittelt, daß für 3 vH der im dortigen Groß- und Außenhandel beschäftigten Angestellten eine Lebensversicherung, für ebenfalls 3 vH eine Unfallversicherung und für 4,5 vH eine Altersversicherung abgeschlossen worden ist.

Fahrtkostenersatz

Es ist in den letzten Jahren in der Wirtschaft eine weitverbreitete Übung geworden, daß sich die Betriebe an den Kosten der Arbeitnehmer für den Weg zwischen Wohnung und Arbeitsstätte beteiligen. Nach einer im Mai 1960 vom *Deutschen Industrie- und Handelstag* durchgeführten Umfrage gibt fast die Hälfte aller Firmen aus Industrie und Handel in irgendeiner Form solche Kostenzuschüsse. (Wegen der nicht nachprüfbaren Repräsentation empfiehlt der DIH allerdings für Schlußfolgerungen eine gewisse Vorsicht.) Diese 50 vH der Firmen gaben — nach den Feststellungen des DIH — nicht etwa Zuschüsse an alle ihre Betriebsangehörigen, die zur Fahrt zwischen Wohnung und Arbeitsstätte gezwungen sind; die Skala der Möglichkeiten reicht vielmehr von kleinen Sondergruppen, wie z. B. Lehrlingen und Anlernlingen, bis zur Gesamtzahl der in Frage kommenden Betriebsangehörigen. Aus einem mehr ländlichen Bezirk wurde berichtet, daß bei einer durchschnittlichen Beteiligung von 42 vH der Firmen auf die Industrie ein Satz von 44 vH und auf Groß- und Einzelhandel ein solcher von 35 vH entfiel. Andererseits beteiligte sich in einem ausgesprochenen Großstadtbezirk der Handel in wesentlich stärkerem Maße an den Fahrtkosten der Arbeitnehmer als die Industrie.

Die schon zitierte Umfrage der *Gesellschaft für Marktforschung mbH* bei 400 männlichen Angestellten in Hamburg im April 1959 ergab, daß 12 vH aller Befragten einen Fahrgeldzuschuß erhielten. Bemerkenswerterweise war dieser Anteil bei den im Groß- und Außenhandel Beschäftigten mit 15 vH wesentlich höher als bei den Beschäftigten in der Industrie (10 vH).

Die im Herbst 1960 im Hamburger Groß- und Außenhandel durchgeführte Erhebung der *Deutschen Angestellten-Gewerkschaft* kam zu einem wesentlich höheren Satz. Danach erhielten zu dieser Zeit 55 vH der Angestellten Fahrtkostenersatz vom Arbeitgeber[20]. Wenngleich die beiden Berichtskreise sehr unterschiedlich waren, so läßt sich aus der großen Divergenz zwischen den ermittelten Anteilssätzen doch schließen, daß von April 1959 bis zum Herbst 1960 die Gewährung von Fahrtkostenersatz bzw. -zuschüssen im Großhandel starke Verbreitung gefunden hat.

Im Durchschnitt aller Beschäftigten hat der Großhandel nach der Erhebung des *Ifo-Instituts* im Jahre 1959 DM 15,— pro Arbeitnehmer für Fahrtkostenersatz aufgewendet, DM 9,— im Konsumgütergroßhandel, DM 18,— im Produktionsverbindungshandel.

Essenszuschuß

Eine besondere Form von Sozialleistung, die in den vergangenen Jahren sehr stark in den Vordergrund gerückt ist, ist der Essenszuschuß. Die durchschnittliche Höhe des Essenszuschusses ist im Großhandel, auf einen Beschäftigten bezogen, sogar größer als die durchschnittliche Fahrtkostenbeteiligung. Im Jahre 1959 gab der Großhandel im Durchschnitt jedem Arbeitnehmer einen Essenszuschuß von DM 27,—.

Für die von uns ausgewählten vier Berufe ergab sich je Arbeitskraft folgende Höhe des Essenszuschusses:

Buchhaltungshilfskraft	DM 27,—
Fakturistin bzw. Kontoristin	DM 26,—
Verkäufer	DM 32,—
Lagerhilfskraft	DM 18,—

In diesen Beträgen sind die Aufwendungen der Betriebe für den Unterhalt einer Kantine, die als indirekte Sozialaufwendungen anzusprechen sind, nicht enthalten (vgl. IV/S. 85 f.).

---

[20] Vgl. Schreiben der Deutschen Angestellten-Gewerkschaft, Ortsgruppe Hamburg, vom 9. 11. 1960.

Die *Gesellschaft für Marktforschung mbH* stellte bei ihrer Umfrage in Hamburg fest, daß von den männlichen Angestellten des Großhandels 43 vH ein verbilligtes Mittagessen erhalten, von den männlichen Angestellten der Industrie aber 73 vH. Von den weiblichen Büroangestellten des Großhandels kommen 51 vH in den Genuß eines verbilligten Mittagessens, von den weiblichen Büroangestellten anderer Wirtschaftsbereiche 64 vH. Hierbei handelt es sich allerdings nicht nur um die Bezieher eines — in bar oder in Form von Bons ausgegebenen — Essenszuschusses, sondern auch um Beschäftigte von Betrieben, die eine Kantine unterhalten, was wegen der größeren durchschnittlichen Betriebsgröße verständlicherweise in der Industrie verbreiteter ist als im Großhandel.

Zusätzliches Urlaubsgeld

Eine beachtliche Rolle unter den freiwilligen Sozialleistungen spielt auch das Urlaubsgeld. Der Großhandel hat im Jahre 1959 im Durchschnitt je Arbeitnehmer DM 31,— für diesen Zweck aufgewendet. In Firmen mit Umsätzen unter 2 Mill. DM lag dieser Satz mit DM 13,— erheblich unter dem von größeren Firmen ausgeworfenen Betrag (DM 35,—). Eine Fakturistin im Alter von 20—35 Jahren erhielt beispielsweise in Betrieben mit weniger als 50 Beschäftigten durchschnittlich DM 20,— Urlaubsgeld, in Betrieben mit 50—99 Beschäftigten DM 46,— und in Betrieben mit mehr als 100 Beschäftigten sogar DM 93,—. Die Höhe des durchschnittlichen Urlaubsgeldes für die einzelnen Berufe schwankte in den vom *Ifo-Institut* untersuchten Fällen nur wenig.

Die *Gesellschaft für Marktforschung* stellte für den Hamburger Raum fest, daß von den männlichen Angestellten des Großhandels 19 vH, von den männlichen Angestellten der Industrie dagegen nur 14 vH ein zusätzliches Urlaubsgeld erhalten. Bei den weiblichen Büroangestellten des Großhandels liegt der entsprechende Anteilssatz sogar bei 41 vH, im Durchschnitt der anderen Wirtschaftsbereiche aber nur bei 24 vH.

bb) Indirekt gewährte freiwillige Leistungen

Für den weitaus größten Teil der Firmen sind die Personalaufwendungen mit den geschilderten — den Beschäftigten direkt zugute kommenden — Leistungen noch nicht erschöpft. In den verschiedensten Formen werden nämlich zusätzliche Leistungen gewährt, die global anfallen, nur von einem Teil der Arbeitnehmer oder in unterschiedlichem Ausmaß in Anspruch genommen werden und die deshalb häufig von den Beschäftigten nicht im richtigen Maße gewürdigt werden. Bezieht man diese indirekten Sozialleistungen auf den einzelnen Beschäftigten, so hat hierfür der Großhandel im Jahre 1959 im Durchschnitt DM 237,— aufgewendet, das sind gut 5 vH des tariflichen Arbeitsentgelts (vgl. Tabellen 27 und 28).

Einen hervorragenden Rang unter den indirekten freiwilligen Leistungen nehmen die Pensionsrückstellungen bzw. die Zuschüsse für Fonds, die der Altersversorgung der Mitarbeiter dienen, ein.

Tabelle 62

Indirekte freiwillige Sozialaufwendungen je Arbeitnehmer im Großhandel im Jahre 1959

(in DM)

Art der Leistung	Großhandel insgesamt	davon: Konsumgütergroßhandel	davon: Rohstoff- und Produktionsverbindungshandel
Insgesamt	*237*	*191*	*263*
davon:			
Pensionsrückstellungen, Zuschüsse für Fonds, die der Altersversorgung der Mitarbeiter dienen	200	152	227
Zuschüsse für den Unterhalt einer Kantine	3	6	2
Aufwendungen bzw. Zuschüsse f. Arbeitskleidung	7	7	6
Ausgaben für Betriebsausflüge und Betriebsfeiern	19	19	20
Kostenlose Verabreichung v. Getränken usw. an die Mitarbeiter	3	3	4
Mietbeihilfen, Wohnungsgelder, Umzugsgelder usw.	3	2	3
Sonstiges	2	2	1

Quelle: Sondererhebung des Ifo-Instituts.

Zu den indirekt gewährten freiwilligen Leistungen gehört neben den in Tabelle 62 angeführten auch die Möglichkeit, die firmeneigenen Waren verbilligt zu beziehen. Die Großhandelsfirmen bieten ihren Mitarbeitern fast ausnahmslos diese Möglichkeit. Größere praktische Bedeutung hat dies allerdings nur in den Konsumgüterbranchen.

B. Die Arbeitszeit

1. Tarifliche Arbeitszeit

Die Arbeitszeit der Angestellten und Arbeiter des Großhandels ist in den Manteltarifverträgen geregelt. Mitte 1960 betrug die regelmäßige tarifliche Arbeitszeit der überwiegenden Zahl der im Großhandel beschäftigten Personen (ohne Pausen) 45 Stunden in der Woche. Das *Wirtschaftswissenschaftliche Institut der Gewerkschaften (WWI)* registriert laufend die Arbeitszeitverkürzungen in den einzelnen Wirtschaftsbereichen. Danach lag die tarifliche Wochen-Arbeitszeit für den größten Teil der in der Industrie Beschäftigten im Jahre 1960 bei 44 Stunden.

Beginn und Ende der täglichen Arbeitszeit sowie der Pausen sind in den Tarifverträgen nicht geregelt; sie müssen von der Geschäftsleitung aber im Einvernehmen mit der Betriebsvertretung (soweit eine solche besteht) festgesetzt und durch Aushang im Betrieb bekanntgegeben werden.

Bestimmungen über die Verteilung der Arbeitszeit auf 5 oder 6 Tage sind in den Tarifverträgen für den Großhandel — wie auch für die übrige gewerbliche Wirtschaft — in der Regel nicht enthalten. Eine Aus-

Tabelle 63

Tariflich festgelegte Arbeitszeiten unter 48 Stunden je Woche
(Stand: Mitte April 1960[a])

Wirtschaftsbereiche und Firmenverträge	Tarifliche Arbeitszeit				
	47—46 Stunden	45 Stunden	44 Stunden	43—41 Stunden	40 Stunden
	für Beschäftigte in 1000				
Industrie	118,7	1 676,8	4 320,5	221,1	359,4
Bauhauptgewerbe	—	25,6	1 313,6	—	—
Handel	*0,3*	*1 780,9*	*28,9*	—	*0,2*
Geld-, Bank u. Börsenwesen	42,0	146,8	74,4	8,7	—
Verkehr	1,0	532,6	—	5,0	—
Öffentlicher Dienst[b]	13,4	891,8	8,9	0,7	—
Handwerk	55,2	750,6	402,2	—	—
Gartenbau, Land- und Forstwirtschaft	14,1	27,4	—	—	—
Firmenverträge	7,8	97,5	19,0	9,2	1,8
Insgesamt	252,5	5 930,0	6 167,5	244,7	361,4

Quelle: Wirtschafts- und Sozialstatistisches Handbuch, herausgegeben von Prof. Dr. Bruno Gleitze, Bund-Verlag, Köln 1960, S. 51.
a) Nach den dem WWI bis Mitte April 1960 vorliegenden Meldungen.
b) Einschließlich öffentliche und private Dienstleistungen.

nahme bildet in Bayern der pharmazeutische Großhandel, für den mit der DAG die 5-Tage-Woche vereinbart worden ist. Der Samstag ist hier arbeitsfrei. Dies ist deshalb besonders bemerkenswert, weil es sich hier um eine Branche handelt, in der der Kundendienst (jederzeitige Belieferung der Apotheken auf telefonische Bestellung) seit jeher sehr ausgeprägt war.

2. Tatsächliche Arbeitszeit

Die tatsächliche Arbeitszeit weicht von der in den Tarifverträgen vereinbarten vielfach beträchtlich ab. Einerseits sind in vielen Betrieben Überstunden üblich und andererseits sind — auch im Großhandel — manche Firmen schon dazu übergegangen, teilweise eine etwas kürzere Arbeitszeit festzusetzen.

Über die effektive Arbeitszeit im Großhandel hat das *Ifo-Institut* im Februar 1957, im Februar 1959 und im Februar 1961 Erhebungen angestellt, deren Ergebnisse deutlich den rückläufigen Trend der effektiven Arbeitszeit zeigen.

Tabelle 64

Die durchschnittliche wöchentliche Arbeitszeit in den Großhandelsbetrieben insgesamt

(in vH der Betriebe)

Arbeitszeit in Stunden	Februar 1957	Februar 1959	Februar 1961
unter 45	3	10	20
45 bis 48	70	80	73
über 48	27	10	7

Quelle: Sondererhebungen des Ifo-Instituts im Rahmen des Konjunkturtests.

In 20 vH der Betriebe war also die durchschnittliche effektive Arbeitszeit im Februar 1961 kürzer als im Tarifvertrag vereinbart. Gegenüber 1957 hat sich die Gruppe der Betriebe stark verringert, in denen die durchschnittliche Arbeitszeit höher als 48 Stunden liegt. Relativ am längsten war die durchschnittliche wöchentliche Arbeitszeit im Baustoffhandel, im Nahrungs- und Genußmittelgroßhandel sowie im Holzgroßhandel.

Knapp 40 vH der Großhandelsfirmen berichteten von einer Verkürzung der durchschnittlichen wöchentlichen Arbeitszeit im Laufe des Zeitraumes Februar 1960 bis Februar 1961. Besonders häufig kamen solche Angaben aus den Branchen:

Fahrräder und Fahrradersatzteile .... 71 vH der Firmen
Optische Artikel .... 63 vH
Schuhe .... 55 vH
Sanitäres Installationsmaterial .... 50 vH
Kraftfahrzeug-Ersatzteile und Zubehör ...... 47 vH
Tabakwaren .... 47 vH

Tabelle 65

Die durchschnittliche wöchentliche Arbeitszeit in den Fachzweigen des Großhandels

(in vH der Betriebe)

Bereich bzw. Branche	Februar 1959			Februar 1961		
	unter 45	45—48	über 48	unter 45	45—48	über 48
	Stunden je Woche					
Konsumgütergroßhandel	*11*	*82*	*7*	*21*	*73*	*6*
Nahrungs- und Genußmittel .	2	81	17	13	70	17
Textilien und Bekleidung	15	78	7	28	70	2
Schuhe	12	84	4	36	60	4
Papier, Bürobedarf, Schreibwaren	6	94	—	17	83	—
Eisen- und Metallwaren	13	79	8	15	80	5
Elektro- und Rundfunkartikel	8	84	8	17	81	2
Fotoapparate und -zubehör ..	20	80	—	23	77	—
Uhren und Schmuckwaren ...	27	73	—	46	54	—
Optische Artikel	—	100	—	14	86	—
Rohstoff- und Produktionsverbindungshandel	*9*	*80*	*11*	*18*	*73*	*9*
Eisen und Stahl	13	81	6	13	82	5
Werkzeuge und Maschinen ...	23	73	4	26	70	4
Kfz-Ersatzteile und -zubehör .	4	87	9	8	85	7
Fahrräder, Mopeds u. Ersatzteile	5	84	11	29	71	—
Elektr. Installationsmaterial ..	5	90	5	9	91	—
Sanitäres Installationsmaterial	3	87	10	11	89	—
Baustoffe	3	68	29	5	71	24
Holz	7	80	13	13	74	13
Papier und Pappe	9	86	5	26	73	1
Chemikalien	11	76	13	32	63	5
Leder	14	76	10	30	70	—

Quelle: Sondererhebungen des Ifo-Instituts im Rahmen des Konjunkturtests.

Auch im Jahre 1960 hat sich der Trend der Verkürzung der effektiven Arbeitszeit also fortgesetzt, obwohl die Hochkonjunktur in diesem Jahr zu einer verstärkten Zunahme der Geschäftstätigkeit im Großhandel führte, der Mangel an Arbeitskräften dadurch noch empfindlicher in Erscheinung trat und die Überstundenarbeit hierdurch gefördert wurde.

Ein besonderes Kapitel zum Thema „Arbeitszeit" ist im Zusammenhang mit den Ursachen des Arbeitskräftemangels die generelle 5-Tage-Woche, die heute schon in vielen Wirtschaftszweigen praktiziert wird. Hierüber hat der *Deutsche Handels- und Industrie-Angestelltenverband (DHV)* eine Repräsentativ-Erhebung durchgeführt[21]. Danach war Ende 1959 schon für 50 vH der Angestellten die 5-Tage-Woche mit freiem Samstag verwirklicht. Im Großhandel liegt dieser Anteilssatz nur bei 22 vH (vgl. Tabelle 14 im Anhang).

Die Ansichten darüber, ob es auch im Großhandel möglich ist, in stärkerem Maße als bisher zur 5-Tage-Woche überzugehen, gehen sehr auseinander. Die eine Seite weist darauf hin, daß Industrie, Handwerk und Einzelhandel auch am Samstag beliefert zu werden wünschen. Noch stärker aber zähle, daß Waggons, Lastkraftwagen und Schiffe zwecks Vermeidung von Standgeldern auch am Sonnabend entladen werden müßten. Hiergegen kann eingewendet werden, daß die Notwendigkeit, die Industrie am Sonnabend zu beliefern, im gleichen Maße zurückgeht, in dem diese selbst am Samstag nicht mehr arbeitet. Dem Einzelhandel ist eine Belieferung am Sonnabend sowieso nicht sehr gelegen, da er an diesem Tag den stärksten Kundenandrang zu bewältigen hat. Die Entladung von Kraftfahrzeugen, Schiffen usw. beansprucht in der Regel nur ein beschränktes Personal, insbesondere gewerbliche Kräfte, so daß in den meisten Fällen die Einrichtung eines Jourdienstes genügen dürfte.

In weiten Kreisen setzt sich immer mehr der Standpunkt durch, daß die 5-Tage-Woche auf die Dauer nicht mehr zu umgehen sein wird, wenn der Großhandel seinen strukturellen Personalmangel beseitigen will.

Sicherlich liegen die Verhältnisse nicht in allen Branchen gleich. Eine einheitliche tarifliche Regelung der 5-Tage-Woche ist deshalb nicht zu empfehlen. Die Entscheidung sollte dem einzelnen Unternehmer überlassen bleiben. Er muß sich dabei aber bewußt sein, daß die 5-Tage-Woche für den Arbeitnehmer bei der Wahl seines Arbeitsplatzes von großer und zunehmender Bedeutung ist.

C. Der Urlaub

1. Tariflicher Urlaubsanspruch

Die Mindest-Urlaubsansprüche der im Großhandel beschäftigten Angestellten und Arbeiter sind in den regionalen Tarifverträgen geregelt. Die Vereinbarungen sind in dieser Frage ebenso uneinheitlich wie die

[21] Veröffentlichung der Ergebnisse in „Deutsche Handelswacht", Hamburg, Heft 1, 2, 6/1960. Ausgewertet wurden insgesamt 189 300 von Angestellten über 18 Jahren ausgefüllte Fragebogen. Der Kreis der Befragten beschränkte sich nicht auf den Mitgliederkreis des DHV. Aus dem Großhandel haben sich 27 000 Angestellte beteiligt.

Tabelle 66

Urlaubsbestimmungen der Angestelltentarife im Groß- und Außenhandel

(Stand: 20. 1. 1961)

Räumlicher Geltungsbereich	Lebensjahre	Dauer des Urlaubs: Werktage	Dauer des Urlaubs: Zusatztage entsprechend der Dauer der Betriebszugehörigkeit
Baden-Württemberg Südbaden	nach 18.—21. nach 21.—24. nach 24.—27. nach 27.	12 13 15 18	nach 10 Jahren 1 Tag nach 15 Jahren 2 Tage nach 20 Jahren 3 Tage
Bayern	nach 18. Lebensjahr 1.— 8. Berufsjahr 9.—10. Berufsjahr 11.—12. Berufsjahr 13.—14. Berufsjahr nach 14. Berufsjahr	 12 13 14 16 18	nach 3 Jahren für jedes weitere Jahr 1 Tag (bis 21 Tage) nach 25 Jahren 24 Urlaubstage
Berlin	nach 18.—30. nach 30.	12 15	nach 1 Jahr 2 Tage nach 2 Jahren 4 Tage nach 6 Jahren 5 Tage nach 12 Jahren 6 Tage nach 20 Jahren 9 Tage
Hamburg	nach 18.—25. nach 25.—30. nach 30.—35. nach 35.	12 14 16 18	nach 4 Jahren 3 Tage
Hessen	bis 20. bis 25. bis 30. nach 30.	12 14 16 18	nach 5 Jahren 2 Tage nach 10 Jahren 3 Tage nach 20 Jahren 4 Tage

Tabelle 66 (Fortsetzung)

Räumlicher Geltungsbereich	Lebensjahre	Dauer des Urlaubs	
		Werktage	Zusatztage entsprechend der Dauer der Betriebszugehörigkeit
Niedersachsen	nach 18.—25.	14	
	nach 25.—30.	17	
	nach 30.	20	
Nordrhein-Westfalen	nach 18.—30.	16	nach 3 Jahren 2 Tage
	nach 30.	18	nach 5 Jahren 3 Tage
Rheinland-Rheinhessen	nach 18.—20.	12	nach 5 Jahren 1 Tag
	nach 20.—22.	13	nach 10 Jahren 2 Tage
Pfalz	nach 22.—24.	14	nach 15 Jahren 3 Tage
	nach 24.—26.	15	
	nach 26.—28.	16	
	nach 28.—30.	17	
	nach 30.	18	
Saarland	nach 21.—24.	14	
	nach 24.—30.	16	
	nach 30.—35.	18	
	nach 35.	21	
Schleswig-Holstein ..	nach 18.—25.	12	
	nach 25.—30.	16	
	nach 30.—35.	18	
	nach 35.	20	

über die Höhe der Arbeitsentgelte. Im allgemeinen bewegt sich jedoch der Urlaubsanspruch zwischen 12 und 21 Tagen. Der Vollständigkeit halber sind die Urlaubsregelungen für die Angestellten im Großhandel — wie sie sich aus den regionalen Tarifverträgen ergeben — in Tab. 66 zusammengestellt. In der Regel sind Lebensjahre und Dauer der Betriebszugehörigkeit die entscheidenden Merkmale für die Urlaubsdauer, zum Teil ist aber auch die Zahl der Berufsjahre ausschlaggebend.

Will man nun prüfen, ob eine eventuelle Schlechterstellung der Angestellten im Großhandel hinsichtlich der Urlaubsregelung als Grund für den Personalmangel in diesem Wirtschaftszweig in Frage kommt, so ist die Frage zu stellen, ob andere — um die Arbeitskräfte konkurrierende — Bereiche günstigere Urlaubsbedingungen bieten. Im bayerischen Wirtschaftsraum gelten z. B. in einigen Bereichen folgende Bedingungen:

Metallindustrie

(Vertrag vom 8. 11. 1956)

Die Urlaubsdauer beträgt:

nach vollendetem 18. bis zum vollendeten 30. Lebensjahr .. 12 Werktage
nach vollendetem 30. bis zum vollendeten 40. Lebensjahr .. 13 Werktage
nach vollendetem 40. Lebensjahr .... 14 Werktage

Bei ununterbrochener Zugehörigkeit zum selben Betrieb wird folgender Zusatzurlaub gewährt:

bei mehr als 5jähriger Betriebszugehörigkeit 2 Werktage
bei mehr als 10jähriger Betriebszugehörigkeit 3 Werktage
bei mehr als 15jähriger Betriebszugehörigkeit 4 Werktage

Die Urlaubsdauer erhöht sich für Angestellte der Gehaltsgruppe K II um 2 Werktage bis zur Höchstdauer von 19 Werktagen, der Gehaltsgruppe K III um 4Werktage und der Gehaltsgruppen K IV und K V um 6 Werktage bis zur Höchstdauer von 21 Werktagen.

Baywa

(Vertrag vom 23. 3. 1955)

Der Jahresurlaub der Angestellten nach vollendetem 18. Lebensjahr beträgt:

bis zum vollendeten 22. Lebensjahr .... 12 Werktage
bis zum vollendeten 26. Lebensjahr .... 14 Werktage
bis zum vollendeten 31. Lebensjahr .... 16 Werktage
darüber hinaus .... 18 Werktage

Nach Vollendung einer Betriebszugehörigkeit von 3 Jahren erhöht sich der Urlaub für jedes weitere Jahr der Betriebszugehörigkeit um einen Werktag

bis zur Gesamtdauer von 21 Werktagen in Gehaltsgruppe I und II
bis zur Gesamtdauer von 23 Werktagen in Gehaltsgruppe III
bis zur Gesamtdauer von 24 Werktagen in Gehaltsgruppe IV

Speditions-, Transport- und Fuhrgewerbe

(Vertrag vom 1. 1. 1959)

Der Angestellte erhält folgenden Urlaub:

nach dem vollendeten 18. bis zum vollendeten 25. Lebensjahr 12 Werktage
im 26. bis zum vollendeten 30. Lebensjahr 13 Werktage
im 31. bis zum vollendeten 35. Lebensjahr 14 Werktage
im 36. bis zum vollendeten 40. Lebensjahr 15 Werktage
ab vollendetem 40. Lebensjahr 16 Werktage

Darüber hinaus wird folgender Zusatzurlaub gewährt:

ab vollendetem 1. Betriebszugehörigkeitsjahr	1 Werktag
ab vollendetem 2. Betriebszugehörigkeitsjahr	2 Werktage
ab vollendetem 5. Betriebszugehörigkeitsjahr	3 Werktage
ab vollendetem 10. Betriebszugehörigkeitsjahr	4 Werktage
ab vollendetem 15. Betriebszugehörigkeitsjahr	5 Werktage
ab vollendetem 23. Betriebszugehörigkeitsjahr	6 Werktage

Einzelhandel

(Vertrag vom 25. 9. 1957)

Der Urlaub beträgt für Angestellte vom

19. bis zum vollendeten 22. Lebensjahr	12 Arbeitstage
23. bis zum vollendeten 25. Lebensjahr	14 Arbeitstage
26. bis zum vollendeten 27. Lebensjahr	16 Arbeitstage
ab 28. Lebensjahr	18 Arbeitstage

Er erhöht sich bei einer ununterbrochenen Betriebszugehörigkeit

von 3 Jahren um 1 Arbeitstag
von 5 Jahren um 2 Arbeitstage
von 10 Jahren um 3 Arbeitstage

Nach 25jähriger Betriebszugehörigkeit beträgt der Urlaubsanspruch 24 Arbeitstage.

Zwar ist der Inhalt der einzelnen Tarifverträge im einzelnen schwer vergleichbar, doch lassen sich im großen und ganzen keine wesentlichen Besserstellungen der Angestellten der angeführten Wirtschaftsbereiche gegenüber denen des Großhandels feststellen. Die tarifliche Urlaubsregelung scheidet also als Motiv des Beschäftigtenabganges im Großhandel aus. Wie steht es aber mit dem effektiven Urlaub der Beschäftigten? Sind in anderen Wirtschaftszweigen großzügigere übertarifliche Urlaubsregelungen üblich als im Großhandel?

2. Effektive Urlaubsregelung

Urlaubsgewährung über den tariflichen Anspruch hinaus ist eine zusätzliche Leistung der Betriebe. Nach Ermittlungen des *Ifo-Instituts* gewähren 21 vH der Großhandelsfirmen ihren Mitarbeitern Urlaub über den tariflichen Anspruch hinaus. Bei rd. einem Drittel dieser Firmen kommt dieser übertarifliche Urlaub allen Mitarbeitern zugute, bei zwei Dritteln nur einem Teil der Beschäftigten[22].

Die Firmen des Rohstoff- und Produktionsverbindungshandels verfahren in der Urlaubsgewährung etwas großzügiger als die Firmen des Konsumgütergroßhandels.

---

[22] Zu ähnlichen Ergebnissen kam auch die *Deutsche Angestelltengewerkschaft* bei ihrer Befragung der im Hamburger Groß- und Außenhandel tätigen Personen. Danach wird in 6 vH der befragten Betriebe allen Mitarbeitern ein Urlaubsanspruch über die tarifliche Vereinbarung hinaus gewährt. In weiteren 11,3 vH der Betriebe erhalten einzelne Arbeitnehmer einen höheren Urlaub als den tarifvertraglich vereinbarten.

Tabelle 67

Übertariflicher Urlaub im Großhandel

(Stand: Mitte 1960)

Bereich	Übertariflichen Urlaub gewähren ... vH der Firmen	und zwar allen	einzelnen
		Mitarbeitern	
Konsumgütergroßhandel	20	37	63
Rohstoff- und Produktionsverbindungshandel	23	31	69
Großhandel insgesamt ..	*21*	*33*	*67*

Quelle: Sondererhebung des Ifo-Instituts.

Über die effektive Dauer des Urlaubs bei den Angestellten der einzelnen Wirtschaftszweige hat wiederum der *Deutsche Handels- und Industrieangestellten-Verband* Ermittlungen angestellt[23]. Sie zeigen, daß nur 6,6 vH der im Großhandel tätigen Angestellten mehr als 21 Tage Urlaub erhalten. Im Durchschnitt der Wirtschaftszweige liegt der entsprechende Anteilssatz immerhin bei 16,6 vH. Zu berücksichtigen ist bei diesen Vergleichen allerdings die unterschiedliche Altersstruktur der Beschäftigten in den einzelnen Wirtschaftszweigen (vgl. Tabelle 15 im Anhang).

Erheblich längere Urlaube als im Großhandel erhalten insbesondere die Angestellten im Öffentlichen Dienst, im Bank- und Sparkassen- sowie im privaten Versicherungsgewerbe. Noch wesentlich kürzer ist die durchschnittliche Urlaubsdauer im Einzelhandel. Hier ist allerdings der Anteil junger Kräfte besonders groß.

Ergänzend sei noch vermerkt, daß sich auf die Frage des *Deutschen Handels- und Industrieangestellten-Verbandes,* ob sie eine weitere tarifliche Verkürzung der regulären Arbeitszeit oder eine spürbare Erhöhung des jährlichen Erholungsurlaubes wünschten, 77 vH der Angestellten im Großhandel für eine Urlaubsverlängerung und nur 20 vH für eine Arbeitszeitverkürzung ausgesprochen haben (3 vH hatten hierüber keine Meinung).

D. Geltungs- und Prestigefaktoren, Aufstiegschancen, Sicherheit des Arbeitsplatzes

Die Tätigkeit des Großhandels vollzieht sich weitgehend unter Ausschluß der Öffentlichkeit, im Gegensatz beispielsweise zur Industrie, deren Produktionsstätten allenthalben optisch in Erscheinung treten.

[23] Vgl. „Deutsche Handelswacht", Nr. 1/1960, Hamburg.

Dementsprechend sind auch die Vorstellungen über die Aufgaben des Großhandelskaufmanns häufig sehr verschwommen. Das ist sicherlich nicht der unbedeutendste Grund dafür, daß der Großhandel keine so große Anziehungskraft auf die Arbeitskräfte ausübt wie etwa die Industrie. Darin zeigt sich, welch lohnende Aufgabe es auch unter diesem Aspekt ist, der breiten Öffentlichkeit bessere Vorstellungen von den Aufgaben und Leistungen des Großhandels zu vermitteln.

Hierbei wäre es besonders wichtig, die beruflichen Aufstiegsmöglichkeiten stärker herauszustellen. Es ist häufig die Ansicht anzutreffen, daß im Großhandel keine oder nur geringe Aufstiegschancen bestehen, im Gegensatz etwa zur Industrie, in der allein durch die Vielzahl der nach außen in Erscheinung tretenden Berufe und Dienststellungen eine starke hierarchische Struktur sichtbar wird.

Große Anziehungskraft auf viele Arbeitskräfte üben Großbetriebe aus, nicht nur weil man dort höhere Bezahlung und Zusatzleistungen erwartet, sondern auch, weil man sich hiervon in seiner gesellschaftlichen Stellung ein größeres Prestige verspricht. Was das letztere anbetrifft, ist der Großhandel zweifellos etwas im Nachteil, da ausgesprochene Großbetriebe mit allgemein bekannten Namen hier nur in relativ geringer Zahl vertreten sind.

Schließlich spielt das Sicherheitsbedürfnis bei der Aufnahme einer Beschäftigung eine nicht unwesentliche Rolle. Die Ansicht ist weit verbreitet, daß die Sicherheit des Arbeitsplatzes etwa in der Industrie und hier besonders in den Großbetrieben besser gewährleistet sei als im Großhandel. Man glaubt vielfach noch, daß der Großhandel notfalls auch entbehrt werden könnte und daher stärker krisenanfällig sei als andere Wirtschaftsbereiche. Dieser falschen Auffassung gilt es durch entsprechende Aufklärungsarbeit zu begegnen.

V. Beschäftigtenfluktuation im Großhandel und Kündigungsgründe der beschäftigten Personen von Anfang 1959 bis Mitte 1960

Ein interessantes Symptom für die Lage auf dem Arbeitsmarkt ist die Fluktuation der Beschäftigten, die durch den Konkurrenzkampf der Unternehmer um die Arbeitskräfte zweifellos merklich beschleunigt wird. Der Arbeitskräftemangel gibt dem Arbeitnehmer die Möglichkeit, jederzeit ohne Risiko aus seinem Betrieb auszuscheiden und in einer anderen Firma anzufangen. Die Fluktuation hat deshalb in den letzten Jahren einen besorgniserregenden Umfang angenommen. Über den Umfang des Arbeitsplatzwechsels in der Wirtschaft der Bundesrepublik haben sowohl die *Bundesanstalt für Arbeitsvermittlung und Arbeitslosenversicherung, Nürnberg,* als auch das *Institut für Demoskopie in Allensbach am Bodensee* aufschlußreiche Erhebungsergebnisse vorgelegt.

Die Bundesanstalt für Arbeitsvermittlung und Arbeitslosenversicherung untersuchte auf repräsentativer Grundlage, wieviele abhängige Arbeitskräfte, die im Jahre 1960 im Erwerbsleben standen, ihren Arbeitsplatz wechselten und wie oft sie ihn vertauschten[24]. *Die Erhebung hat gezeigt, daß 14,5 vH (15,8 vH) aller Arbeitnehmer, die 1960 (1959) beschäftigt waren, ihren Arbeitsplatz in diesem Jahr gewechselt haben;* 85,5 vH hatten 1960 nur ein Arbeitsverhältnis. Der Fluktuationsgrad bei den Männern war etwas höher als bei den Frauen.

Vom Betrieb her betrachtet, ist der Anteil der Arbeitsplätze, die nicht neu besetzt werden mußten, etwas kleiner. Die Bundesanstalt kommt zu dem Ergebnis, daß 1959 durchschnittlich etwa *jeder fünfte Arbeitsplatz neu besetzt werden mußte.*

Spezielle Daten für den Großhandel liegen aus der Untersuchung der Bundesanstalt für Arbeitsvermittlung und Arbeitslosenversicherung leider nicht vor. Doch sind auch die nach Wirtschaftsbereichen aufgegliederten Ergebnisse recht interessant. (Vgl. Tab. 68.)

Im Handel, Geld- und Versicherungswesen ist also der Fluktuationsgrad weit niedriger als im Durchschnitt der Wirtschaft. Hierbei ist allerdings zu berücksichtigen, daß dieser Durchschnitt von der hohen

[24] Amtliche Nachrichten der Bundesanstalt für Arbeitsvermittlung und Arbeitslosenversicherung (ANBA), Nr. 5 vom 25. Mai 1961, S. 263 ff.

Quote im Bau-, Ausbau- und Bauhilfsgewerbe stark nach oben gedrückt ist.

Von den im Handel, Geld- und Versicherungswesen tätigen Personen, die 1960 ihren Arbeitsplatz gewechselt haben, taten dies 69 vH einmal und 31 vH mehrmals, wobei der Anteil der männlichen Mehrfachwechsler höher war als der der weiblichen.

Tabelle 68

Fluktuationsgrad

(in vH der Beschäftigten in den Jahren 1959 und 1960)

Wirtschaftsbereich[a]	1959	1960
1. Bau-, Ausbau- und Bauhilfsgewerbe..	37 vH	28 vH
2. Dienstleistungen	22 vH	21 vH
3. Landwirtschaft und Tierzucht, Forstwirtschaft	21 vH	18 vH
4. Verarbeitendes Gewerbe	15 vH	14 vH
5. Eisen- und Metallerzeugung und -verarbeitung	13 vH	14 vH
6. *Handel*, Geld- u. Versicherungswesen	13 vH	13 vH
davon		
Männer	14 vH	14 vH
Frauen	12 vH	12 vH
7. Bergbau, Energiewirtschaft	9 vH	9 vH
8. Öffentlicher Dienst	7 vH	7 vH
9. Verkehrswesen	7 vH	7 vH
10. Insgesamt	15,8 vH	14,5 vH

Quelle: Bundesanstalt für Arbeitsvermittlung und Arbeitslosenversicherung, Amtliche Nachrichten (ANBA), Nr. 5 vom 25. Mai 1960 und Nr. 5 vom 25. Mai 1961.
a) Die Wirtschaftsbereiche sind in der Reihenfolge des sinkenden Fluktuationsgrades aufgeführt.

Wertvolle zusätzliche Erkenntnisse vermittelt die Untersuchung des Instituts für Demoskopie, die sich ebenfalls auf das Jahr 1959 bezieht, allerdings nicht nach Wirtschaftsbereichen unterscheidet[25].

Die festgestellten Tendenzen dürften aber auch für den Handel und speziell den Großhandel zutreffend sein:

1. Am häufigsten wechselten ledige junge Leute ihre Stellung.
2. Arbeiter — vor allem ungelernte und angelernte — wechselten in etwas größerer Zahl zu anderen Unternehmen über als Angestellte.
3. Ein wichtiges Motiv, das gut bei der Hälfte der Arbeitnehmer eine Rolle spielt, die zu einem anderen Unternehmen überwechseln, ist der Wunsch nach höherem Einkommen. Abgesehen davon spielen beim Stellungswechsel eine Rolle:

---

[25] Informationsdienst des Instituts für Demoskopie, Allensbach am Bodensee, vom 4. 6. 1960.

Arbeitsbedingungen,
Betriebsklima,
Sicherheit des Arbeitsplatzes,
Lage des Betriebes zur Wohnung,
Sozialleistungen.

Nach den Erhebungsergebnissen sind für viele Arbeitnehmer solche Überlegungen sogar wichtiger als die finanziellen.

4. Von den Arbeitnehmern, die im Jahre 1959 ihre Stellung wechselten, haben sich nach ihren eigenen Angaben 82 vH verbessert, und zwar 55 vH in finanzieller Hinsicht und 27 vH in anderer Beziehung.
5. Arbeiter, die 1959 zu einem anderen Unternehmen übergewechselt waren, sind an ihrem Arbeitsplatz weniger zufrieden als die Masse der Arbeiter, die in ihrem Unternehmen geblieben sind.
6. In bemerkenswert großer Zahl wechseln Arbeiter und Angestellte zu einem anderen Unternehmen über, die weniger als DM 400,— verdienen.

Da weder die Bundesanstalt für Arbeitsvermittlung und Arbeitslosenversicherung noch das Institut für Demoskopie Ergebnisse ausgewiesen haben, die speziell über die Beschäftigtenfluktuation im Großhandel Auskunft geben, hat das *Ifo-Institut* versucht, durch eine Erhebung bei einer repräsentativen Zahl von Großhandelsfirmen diese Lücke zu schließen. Die Erhebung wurde Ende Juli 1960 durchgeführt; sie wandte sich an den laufenden Berichtskreis des Ifo-Instituts, der aus rd. 1200 Großhandelsfirmen aus 23 Fachzweigen besteht.

Als wichtigstes Ergebnis dieser Erhebung kann festgehalten werden, daß im Zeitraum vom 1. Januar 1959 bis zum 31. Juni 1960 gut 15 vH der Mitte 1960 beschäftigten Personen ausgeschieden sind, sei es, daß sie selbst gekündigt haben oder daß ihnen vom Arbeitgeber gekündigt worden ist. Die jährliche Fluktuationsquote im Großhandel liegt also bei rd. 10 vH. Sie ist im Rohstoff- und Produktionsverbindungshandel etwas größer als im Konsumgütergroßhandel.

In knapp vier Fünftel der Fälle erfolgte die Kündigung durch die Arbeitnehmer, nur in gut einem Fünftel durch die Arbeitgeber. Gemessen am Personalstand von Mitte 1960 haben in den vorhergehenden 1½ Jahren also knapp 12 vH der Arbeitnehmer selbst gekündigt (bzw. sind wegen Pensionierung oder Tod ausgeschieden), gut 3 vH erhielten die Kündigung durch den Arbeitgeber.

Von den im Berichtszeitraum auf eigene Initiative ausgeschiedenen Arbeitnehmern wechselten 15 vH mit ähnlichen Tätigkeiten in andere Großhandelsbetriebe, 33 vH in Betriebe anderer Wirtschaftsbereiche (vorwiegend Industrie) über, 5 vH ergriffen einen anderen Beruf, 8 vH gaben ihren Beruf auf (Hausfrauen), wurden pensioniert bzw. starben, 6 vH wurden einberufen bzw. mußten wegen Wohnortwechsel des Mannes kündigen und bei 11 vH waren die Gründe für das Ausscheiden unbekannt (vgl. Tabelle 16 im Anhang).

Tabelle 69

Beschäftigten-Fluktuation in den Betrieben des Großhandels
vom 1. 1. 1959 bis 31. 6. 1960

Bereich bzw. Branche	Ausgeschiedene Mitarbeiter in vH der Mitte 1960 beschäftigt. Personen	Kündigung erfolgte in .... vH der Fälle durch	
		Arbeitnehmer[a])	Arbeitgeber
Nahrungs- und Genußmittel .	16,7	77	23
Tabakwaren	—	71	29
Textilien und Bekleidung	9,7	82	18
Schuhe	11,5	81	19
Papier, Bürobedarf und Schreibwaren	13,9	79	21
Eisen- und Metallwaren	17,5	76	24
Elektro- und Rundfunkartikel	12,7	77	23
Uhren und Schmuckwaren ...	24,6	89	11
Fotoapparate und -zubehör ..	17,1	77	23
Optische Artikel	10,7	100	—
Fahrräder, Mopeds u. Zubehör	2,6	100	—
Konsumgütergroßhandel	*14,8*	*79*	*21*
Eisen und Stahl	22,5	73	27
Werkzeuge und Maschinen ...	16,4	80	20
Landmaschinen	9,3	83	17
Elektrisches Installationsmaterial	10,0	77	23
Sanitäres Installationsmaterial	10,3	73	27
Kfz-Ersatzteile	19,5	73	27
Baustoffe	11,6	78	22
Holz	15,2	73	27
Chemikalien	20,1	81	19
Papier und Pappe	20,7	84	16
Häute und Felle	13,6	86	14
Leder	21,8	68	32
Rohstoff- und Produktionsverbindungshandel	*16,0*	*77*	*23*
Großhandel insgesamt	*15,3*	*78*	*22*

Quelle: Sondererhebung des Ifo-Instituts im Rahmen des Konjunkturtests.
a) Einschließlich Abgang wegen Pensionierung oder Tod.

Es liegt im Interesse jedes Unternehmens, die Fluktuation durch Arbeitnehmer-Kündigungen so gering wie möglich zu halten, denn abgesehen von der Schwierigkeit, geeigneten Ersatz zu beschaffen, sind die bei einem Arbeitsplatzwechsel entstehenden Kosten bei exakter Kalkulation (soweit eine solche möglich ist) weit höher, als man auf den ersten Blick annehmen möchte[26]. Um Ansatzpunkte für eine erfolgversprechende Bekämpfung der Fluktuation zu finden, ist es von Interesse, die hauptsächlichsten Kündigungsmotive kennenzulernen. Beeinflußbar ist in der Regel nur die Fluktuation im engeren Sinne, d. h. der Wechsel der Beschäftigten in andere Betriebe, sei es des eigenen Wirtschaftsbereichs, sei es anderer Wirtschaftsbereiche. Diese Gruppe stellt ja auch das größte Kontingent der Personalabgänge.

Es ist interessant, daß bei zwei Drittel dieser Personen aus den befragten Großhandelsbetrieben eindeutig für den Entschluß, den Betrieb zu wechseln, ausschlaggebend war, daß der neue Betrieb bessere Bezahlung bot. Bei einem Drittel der Betroffenen spielten andere Gründe eine Rolle; sehr häufig wurde in diesem Zusammenhang die 5-Tage-Woche genannt. Davon abgesehen spielen beim Stellungswechsel das Betriebsklima, die Arbeitsbedingungen, die Sicherheit des Arbeitsplatzes, die Lage des Betriebes zur Wohnung sowie die Sozialleistungen eine Rolle. Auffallend ist, daß für die in Konsumgüterbranchen tätigen Arbeitnehmer eine bessere Bezahlung in anderen Betrieben häufiger ein maßgeblicher Kündigungsgrund war als für Beschäftigte, die in Rohstoff- und Investitionsgüterbranchen tätig waren (vgl. Tabelle 17 im Anhang).

Schlechte Bezahlung hat auch die *Gesellschaft für Marktforschung mbH, Hamburg,* anläßlich einer Umfrage bei 400 männlichen Angestellten in Hamburg als wesentlichstes Motiv für den Wechsel des Arbeitsplatzes festgestellt. Auf die Frage: „Was meinen Sie, aus welchen Gründen vor allem wechseln männliche Angestellte in ihrem Beruf freiwillig den Arbeitsplatz?" nannten weitaus die meisten Angestellten schlechte Bezahlung. (Vgl. Tab. 70.)

Im Zusammenhang mit der Fluktuation der Beschäftigten ist es auch von Interesse, zu erfahren, welche Gründe für die *Kündigungen durch die Arbeitgeber* maßgebend waren. Die Ifo-Erhebung brachte hierzu aufschlußreiche Ergebnisse. Ungenügende Leistungen sowie Unregelmäßigkeiten waren der bei weitem dominierende Grund, wie Tabelle 18 im Anhang zeigt.

Tabelle 70

Gründe für den Wechsel des Arbeitsplatzes

(spontane Äußerungen der Befragten)

Aussage	von Angestellten Zahl der Nennungen	
	im Groß- u. Außenhandel	in der Industrie
Schlechte Bezahlung	47	53
Keine Aufstiegsmöglichkeit	22	20
Uninteressante Arbeit	10	16
Unangenehme Vorgesetzte	8	7
Unangenehme Arbeitskollegen	3	6
Ungerechte Behandlung	8	8
Zu lange Arbeitszeit	4	1
Ungünstige Verkehrslage	1	3
Unpünktlicher Arbeitsschluß	1	2
Kein freier Sonnabend	2	1
Ungenügende freiwillige Leistungen des Betriebes	1	2
Bessere Angebote, Möglichkeit zur Verbesserung	10	8
Wollen etwas anderes kennen lernen	7	6
Kein gutes Betriebsklima	2	5
Schlechte Arbeitsbedingungen	2	3
Sonstiges	5	6
Weiß nicht	33	28
Insgesamt	166	175

Quelle: Gesellschaft für Marktforschung mbH, Hamburg: „Einstellung zu Beruf und Arbeitsstelle".

[26] Vergleiche hierzu: Warum Arbeitskräfte wechseln? Die Fluktuation — Ursachen und Bekämpfung — Erfassung und Kosten, Econ-Verlag, Düsseldorf, 1960.

VI. Arbeitskräftesparende Maßnahmen des Großhandels von 1950 bis 1960 und ihr Erfolg

Der permanente Arbeitskräftemangel im Großhandel war einer der wesentlichsten Gründe für umfangreiche Rationalisierungsinvestitionen und organisatorische Verbesserungen in diesem Bereich. In welchem Umfang und mit welchem Erfolg in den letzten 10 Jahren arbeitskräftesparende Maßnahmen vom Großhandel durchgeführt wurden, hat das Ifo-Institut in einer Erhebung, die im August 1960 im Rahmen des Konjunkturtests durchgeführt wurde, zu ermitteln versucht[27].

Von den berichtenden Firmen haben im Laufe der letzten 10 Jahre rd. zwei Drittel unter dem Gesichtspunkt, Arbeitskräfte einzusparen, Mechanisierungsmaßnahmen bzw. organisatorische Um- oder Neugestaltungen durchgeführt. In den Produktionsgüterzweigen Eisen und Stahl sowie Chemikalien, ferner überraschenderweise im Schuhgroßhandel, war dieser Anteilssatz besonders hoch (83 bzw. 80 bzw. 79 vH).

Das stärkste Augenmerk wurde auf eine Vereinfachung bzw. Mechanisierung der administrativen Aufgaben, des Verwaltungsbereichs gerichtet. Drei Viertel der Firmen, die angegeben haben, daß sie in ihrem Betrieb arbeitskräftesparende Maßnahmen durchgeführt haben, das ist knapp die Hälfte aller befragten Firmen, führten solche im *Verwaltungsbereich* durch.

---

[27] Das Frageprogramm lautete:

1. Wir haben im Laufe der letzten 10 Jahre unter dem Gesichtspunkt, Arbeitskräfte einzusparen, Mechanisierungsmaßnahmen bzw. organisatorische Um- oder Neugestaltungen in unserem Betrieb durchgeführt

   ja ☐
   nein ☐

2. Wenn ja: Die Maßnahmen* betrafen
   a) die Verwaltung (z. B. Einführung einer Fakturiermaschine, eines Lochkartensystems usw.) .... ☐
   b) das Lager (z. B. Anschaffung von Gabelstaplern, Paletten, Transportbändern, Einrichtung eines Selbstbedienungslagers) ...... ☐
   c) den Fuhrpark .... ☐
   d) sonstige Betriebsteile .... ☐
3. Diese Um- bzw. Neugestaltungen wurden durchgeführt im Jahre ..
4. Wir haben dadurch schätzungsweise insgesamt .... Personen eingespart**.

* Bitte kurz charakterisieren

** Bitte berücksichtigen Sie hier auch, daß dadurch evtl. Neueinstellungen, die sonst erforderlich gewesen wären, vermieden werden konnten.

Tabelle 71

Arbeitsparende Maßnahmen des Großhandels von 1950 bis 1960

Bereich bzw. Branche	Arbeitskräftesparende Maßnahmen durchgeführt ... vH der Firmen	Diese Maßnahmen betrafen bei ... vH dieser Firmen a) die Verwaltung	das Lager	den Fuhrpark	sonstige Betriebsteile
Nahrungs- und Genußmittel	64	71	50	27	18
Textilien u. Bekleidung	56	80	20	17	17
Schuhe	79	87	40	20	13
Papier, Bürobedarf, Schreibwaren	68	77	59	35	35
Eisen- und Metallwaren	69	74	55	32	6
Elektroartikel	77	87	30	49	11
Uhren u. Schmuckwaren	33	100	25	25	25
Fotoapparate und -zubehör,					
Optische Artikel	58	80	20	33	7
Konsumgütergroßhandel	*64*	*74*	*45*	*28*	*17*
Eisen und Stahl	83	80	75	50	10
Werkzeuge u. Maschinen	64	84	34	40	18
Kfz-Teile, Mopeds, Fahrräder	45	90	30	25	30
Sanitäres Installationsmaterial	56	94	46	33	—
Baustoffe	62	78	84	45	10
Holz	64	57	44	42	33
Papier und Pappe	60	55	77	41	14
Chemikalien	80	86	64	36	28
Häute und Felle	50	25	25	50	—
Leder	37	71	43	—	29
Rohstoff- und Produktionsverbindungshandel	*65*	*76*	*55*	*38*	*21*
Großhandel insgesamt	*64*	*75*	*49*	*32*	*18*

Quelle: Sondererhebung des Ifo-Instituts im Rahmen des Konjunkturtests.

a) Die Summe dieser Anteilsätze ergibt mehr als 100, da ein Teil der Firmen in mehreren Betriebsteilen arbeitskräftesparende Maßnahmen durchgeführt haben.

Der Einsatz moderner Büromaschinen hat in den meisten Fällen einen hohen Rationalisierungseffekt. Buchungsmaschinen z. B. können schon ab ca. 2000 Buchungen im Monat rentabel sein. Nach Sachverständigen-Angaben kann beim Übergang von manueller Buchhaltung zum Buchen auf Kurztext-Buchungsautomaten mit einer Leistungssteigerung um 200 bis 300 vH gerechnet werden[28]. Wenn man bedenkt, daß 35 vH des gesamten Zeitaufwandes einer ausschließlich für Schreibarbeiten eingesetzten Stenotypistin auf die Aufnahme von Diktaten entfallen[29], ist über die Wirtschaftlichkeit von Diktiergeräten schon alles gesagt.

Beim Einsatz von elektrischen Schreibmaschinen kann mit nur noch 5 vH des für die Bedienung von mechanischen Schreibmaschinen notwendigen Kraftaufwandes eine wesentlich höhere Leistung vollbracht werden. Fachleute berichten, daß durch den Einsatz der elektrischen Schreibmaschine in vielen Betrieben Leistungssteigerungen zwischen 10 und 40 vH erzielt wurden, was ebenso für gute wie für mittelmäßige oder unterdurchschnittliche Kräfte gelte[30].

Eine wesentliche Erleichterung der administrativen Arbeiten in den Großhandelsbetrieben bringt die Fakturiermaschine, die den Schreib- und Rechenvorgang verbindet und Übertragungsfehler ausschließt. Auch Kopiergeräte und Rechenmaschinen gehören zu den Büromaschinen, die das Arbeitskräfteproblem erleichtern können[31].

An konkreten Maßnahmen bzw. Anschaffungen für den Verwaltungsbereich wurden im einzelnen von den befragten Großhandelsfirmen genannt:

	(in vH der Firmen, die arbeitssparende Maßnahmen durchgeführt haben)
Anschaffung von	
Buchungsmaschinen (elektrische, teil- und vollautomatische)	34
Fakturiermaschinen	24
Rechenmaschinen (meist elektrisch), elektrischen Schreibmaschinen	7
Adressiermaschinen, Adrema-, Lochkartenanlagen	5
Diktiergeräten	4
Rufanlagen, Gegensprechanlagen	3
Fernschreibern	2

[28] Vgl. *Boje*, A.: „Büroarbeit ist zu bewältigen", Handelsblatt Nr. 192 vom 5. 10. 1960 und „Buchen mit Maschinen", Handelsblatt Nr. 217 vom 10. 11. 1960.

[29] Vgl. *Boje*, a. a. O.

[30] Vgl. *Boje*, a. a. O.

[31] Vgl. hierzu auch *Bischoff* u. a.: „Menschen im modernen Büro". Handelsblatt Nr. 226 vom 24. 11. 1960.

Rohrpost-Anlagen	1
Kopiergeräten	1
elektrischen Registrierkassen	1
Einrichtung von zentralen Schreibbüros	1
Totalumstellung der Administration ohne zusätzliche Maschinen (Umorganisation durch Betriebsberatung)	4
Vereinfachung der Auftragsbearbeitung, der Verkaufsabrechnung, der Buchungsvorgänge, der Registratur, Vereinheitlichung der Formulare, Karteien	7

Nach der früher erwähnten Erhebung des *Ifo-Instituts* über das Ausmaß des Arbeitskräftefehlbestandes (vgl. III/S. 35 ff.) entfällt der größte Teil der zusätzlich benötigten Kräfte, nämlich im Durchschnitt rund ein Fünftel (vgl. Tabellen 1 und 2 im Anhang) auf Lagerarbeiter. Im *Lager* liegt also ein fruchtbarer Ansatzpunkt für arbeitskräftesparende Rationalisierungsmaßnahmen bzw. -investitionen. Ein erheblicher Rationalisierungseffekt kann z. B. durch eine verstärkte Mechanisierung der Transportvorgänge im Lager (durch Aufzüge, Winden, Transportbänder, Flaschenzüge, Kräne, Elektrokarren, Gabelstapler) erzielt werden. Auch organisatorische Umgestaltungen ohne größere Investitionen können sich arbeitskräftesparend auswirken.

Von den Großhandelsfirmen, die im Lager-Bereich arbeitssparende Maßnahmen ergriffen, wurden folgende konkrete Fälle gemeldet:

	(in vH der Firmen, die arbeitssparende Maßnahmen durchgeführt haben)
Einrichtung von Lasten-Aufzügen, Lastenwinden	6
Neubau des Lagers nach rationellen Gesichtspunkten, überwiegend ebenerdig	5
Anschaffung von	
Krananlagen, Mobilkränen	6
Gabelstaplern	6
Paletten	4
Transportbändern	2
Förderbändern, Förderanlagen, Paletten-Rollenbändern	3
Transportkarren	1
Hebezügen, Palettenaufzügen, Sackhebern, Faß-Staplern	1
S-B-Lagerwagen mit einschwenkbarem Aufbau	1
Neugliederung des Lagers, Lagerzusammenlegung, Lagerverlegung an zentralen Ort	3
Organisatorische Umgestaltung des Lagers (Cash and Carry-Lager, Rundverkehr, Anschaffung moderner Lagerschränke und -regale)	2

Bei der Rationalisierung des *Fuhrparks* dominierte die Anschaffung von besseren, schnelleren und größeren LWK's (und die Abstoßung der alten, weniger leistungsfähigen), wie die folgende Aufzählung der im einzelnen genannten Maßnahmen zeigt:

	(in vH der Firmen, die arbeitssparende Maßnahmen durchgeführt haben)
Anschaffung von	
besseren, schnelleren, größeren LKW's	6
Spezialfahrzeugen, Sattelschleppern mit Wechselaufliegern, Tiefladern, Kippern, Hubwagen	5
abziehbaren Autopritschen	1
Transportbehältern	1
Ladegeräten	1
Reduzierung des Fuhrparks und Ersetzung durch Ausgliederung der Transportfunktionen an fremde Transportunternehmen	1

In den *übrigen Betriebsbereichen* spielte vor allem die Anschaffung von branchentypischen Bearbeitungs- und Veredelungsmaschinen eine Rolle. So wurde im Holzgroßhandel z. B. die Anschaffung von Motorsägen, Vollgattern, fahrbaren Faserholzbearbeitungsmaschinen und Holzwolleschüttlern genannt. Im einzelnen wurden in diesen Bereichen folgende Maßnahmen getroffen.

	(in vH der Firmen, die arbeitssparende Maßnahmen durchgeführt haben)
Reorganisation der Reisetätigkeit, Umstellung der Reise- und Verkaufsrouten, Gebietsbereinigung	1
Begrenzung des Verkaufsprogramms, Spezialisierung durch Sortimentsverkleinerung, Verzicht auf kleine Posten	1
Betriebszusammenlegung (Aufgabe einer Filiale und Ausbau der anderen)	1
Normung der Packungen	1
Anschaffung von	
Etikettiermaschinen, Abpackmaschinen (zum Teil automatisch), Flaschenspülanlagen	1
branchentypischen Bearbeitungsmaschinen ...	3
Schaffung neuer Ausstellungs- und Verkaufsräume	1
Umstellung von Kohle auf Öl	1

Die genannten arbeitskräftesparenden Maßnahmen wurden in größerem Umfang seit 1955 realisiert. Seitdem ist die Zahl der Firmen, die den Arbeitsvorgang wegen des Arbeitskräftemangels rationalisiert, von Jahr zu Jahr kräftig gestiegen.

Tabelle 72

Zeitpunkt der Durchführung der Rationalisierungsmaßnahmen

Von den Firmen, die arbeitskräftesparende Maßnahmen durchführten, realisierten ...... vH in den Jahren:

1950	2 vH
1951	2 vH
1952	4 vH
1953	4 vH
1954	5 vH
1955	11 vH
1956	20 vH
1957	29 vH
1958	40 vH
1959	45 vH
1960 (1. Halbjahr)	37 vH

Quelle: Sondererhebung des Ifo-Instituts im Rahmen des Konjunkturtests.

Voll vergleichbare Unterlagen über arbeitskräftesparende Maßnahmen in anderen Wirtschaftsbereichen liegen leider nicht vor. Ähnlich ist die Auswertung, die das Ifo-Institut im Rahmen des Investitionstests 1959/60 für die Industrie durchführte. Danach dienten bei 38 vH der Industriefirmen die Investitionen des Jahres 1959 zu wesentlichen Teilen dem Ausgleich des Arbeitskräftemangels. Der Anteil der Firmen im Großhandel, die 1959 arbeitskräftesparende Maßnahmen durchgeführt haben, die ja in den meisten Fällen mit Investitionen verbunden sind, lag bei 45 vH und war also spürbar größer.

Von besonderem Interesse ist der Effekt der durchgeführten arbeitskräftesparenden Maßnahmen im Großhandel. Zwar ist die Zahl der eingesparten Arbeitskräfte nicht genau festzustellen, da sich der Geschäftsumfang bei den meisten Firmen in den letzten Jahren laufend vergrößert hat, doch hatte der Großteil der Befragten recht konkrete Vorstellungen hiervon. Die Firmen waren ausdrücklich darauf aufmerksam gemacht worden, bei ihrer Schätzung auch zu berücksichtigen, daß durch die durchgeführten Maßnahmen evtl. Neueinstellungen, die sonst erforderlich gewesen wären, vermieden werden konnten. Gewichtet man die uns zugegangenen Einzelschätzungen der Firmen zusammen, so kommt man zu dem Ergebnis, daß im Durchschnitt des Großhandels durch Rationalisierungsmaßnahmen der Arbeitskräftebedarf um gut ein Zehntel der Belegschaft verringert werden konnte.

Tabelle 73

Einsparung von Arbeitskräften

Seit 1950 konnten durch Rationalisierungsmaßnahmen .... vH der Mitte 1960 beschäftigten Personen eingespart werden.

Bereich bzw. Branche	in vH
Nahrungs- und Genußmittel	12
Textilien und Bekleidung	12
Schuhe	11
Papier, Bürobedarf, Schreibwaren	12
Eisen- und Metallwaren	6
Elektro- und Rundfunkartikel, elektrisches Installationsmaterial	8
Uhren und Schmuckwaren sowie Fotoapparate und -zubehör, optische Artikel	7
Konsumgütergroßhandel	*11*
Eisen und Stahl	10
Werkzeuge und Maschinen	7
Kfz-Teile und Zubehör, Mopeds, Fahrräder und deren Ersatzteile	10
Sanitäres Installationsmaterial	11
Baustoffe	11
Holz	11
Papier und Pappe	9
Chemikalien	13
Häute und Felle	12
Leder	19
Rohstoff- und Produktionsverbindungshandel	*10*
Großhandel insgesamt	*11*

Quelle: Sondererhebung des Ifo-Instituts im Rahmen des Konjunkturtests.

Geht man davon aus, daß Mitte 1960 im westdeutschen Großhandel rd. 1 290 000 Beschäftigte tätig waren, so kann man die direkt oder indirekt eingesparten Arbeitskräfte im westdeutschen Großhandel auf rd. 130 000 Personen schätzen. Der weitaus größte Teil (über 90 vH) dieser Personen konnte dadurch eingespart werden, daß keine Neueinstellungen erforderlich wurden.

VII. Entwicklung des Nachwuchsbedarfs und seiner Befriedigung sowie Probleme der Beschaffung von qualifiziertem Nachwuchs im westdeutschen Großhandel

Die folgenden Ausführungen basieren großenteils auf Ergebnissen der Berufsberatungsstatistik der Bundesanstalt für Arbeitsvermittlung und Arbeitslosenversicherung, Nürnberg. Ihren jährlichen Veröffentlichungsberichten stellt die Bundesanstalt jeweils Vorbemerkungen mit Erläuterungen zu den Erhebungstatbeständen voraus, deren Kenntnis für die Interpretierung der Ergebnisse nicht unwesentlich ist. Soweit diese Erläuterungen auch auf hier verwendete Ermittlungsergebnisse zutreffen, seien sie kurz genannt:

* Die Ergebnisse beziehen sich für die meisten Bundesländer jeweils auf den Zeitraum 1. Juli bis 30. Juni, für einige wenige (neuerdings nur noch Bayern) auf den Zeitraum 1. Oktober bis 30. September.
* Als „Ratsuchende" sind nur Personen ausgewiesen, die den Berufsberater persönlich aufgesucht und ihre Berufswahl in eingehender Einzelberatung mit ihm besprachen oder eine Auskunft über Berufsaussichten, Ausbildungswege oder Eignungsanforderungen erbeten haben. Jeder „Ratsuchende" wurde nur einmal im Berichtsjahr gezählt, ohne Rücksicht auf die Zahl seiner Besuche. Jugendliche, die nur in einer Schulbesprechung allgemein über die Berufswahl belehrt worden sind, wurden nicht als „Ratsuchende" gezählt. Ferner sind in den statistischen Ergebnissen solche Schüler nicht enthalten, die auf ihren Wunsch hin schon beraten wurden, obwohl sie erst in späteren Jahren aus der Schule abgehen.
* Unter „Berufsausbildungsstellen" sind Lehrstellen, Anlernstellen, Praktikanten- und Volontärstellen etc. zusammengefaßt.
* Die Angaben beziehen sich nicht auf das Saarland und nicht auf Westberlin.

A. Entwicklung der Zahl der Schulentlassenen insgesamt und nach Schularten

Die Zahl der alljährlich zur Verfügung stehenden Berufsanwärter richtet sich weitgehend danach, in welcher Zahl Jungen und Mädchen aus allgemeinbildenden Schulen entlassen werden. Die Schulentlaßjahrgänge sind seit 1955 laufend schwächer geworden, was auf den Geburtenrückgang während der Kriegsjahre zurückzuführen ist. Der Rückgang erfolgte jedoch hauptsächlich bei den Volksschulen, die das

Hauptkontingent der Anwärter auf betriebliche Arbeitsplätze stellen. Die Zahl der Mittelschulabgänger, die von 1950/51 bis 1955/56 laufend zugenommen hatte, nahm dann bis 1958/59 geringfügig ab, um 1959/60 wieder kräftig zu steigen. Anhaltend stark gestiegen ist die Zahl der Abgänge aus höheren Lehranstalten (vgl. Tabelle 19 im Anhang).

Die Eltern sind in noch immer zunehmendem Maße an einer gehobenen Ausbildung ihrer Kinder interessiert. Während 1950/51 noch 87 vH der Schulentlassenen Volksschüler waren, stellten diese 1959/60 nur noch einen Anteil von 69 vH. Der Anteil der Mittelschüler hat sich seither mehr als verdoppelt, jener der Abiturienten sogar verdreifacht. Der Rückgang des Anteils der Volksschulentlassenen hatte bei den Jungen und Mädchen etwa gleiches Ausmaß. Bei den Mittelschülern und Abiturienten nahm umgekehrt der Anteil der Jungen und Mädchen in annähernd gleichem Maße zu. Insgesamt wurden 1959/60 aus den allgemeinbildenden Schulen knapp 580 000 Jugendliche entlassen (davon rd. 298 000 Jungen und rd. 281 000 Mädchen).

Seit längerem ist zu beobachten, daß die Schulentlassenen in reinen Landbezirken viel stärker zurückgehen als in den Großstädten. Der wesentlichste Grund hierfür liegt wohl in der zunehmenden Verstädterung im Bundesgebiet.

Den rückläufigen Schulentlassungen in den zurückliegenden Jahren stand ein kaum reduzierter Bedarf an beruflichen Nachwuchskräften gegenüber, was von Jahr zu Jahr zu größeren Diskrepanzen zwischen Angebot und Nachfrage führte. Wie noch zu sehen sein wird, ist es dem Großhandel in den vergangenen Jahren noch weniger als anderen Wirtschaftsbereichen gelungen, den Nachwuchsbedarf zu decken.

B. Berufsvorstellungen und Berufswünsche der Schulentlassenen

Nach den Erfahrungen der Berufsberatungsstellen fehlen den Jugendlichen großenteils echte Berufsvorstellungen. Das ist nicht verwunderlich, da die richtige Berufswahl Überlegungen und Entscheidungen voraussetzt, die nur aus einer guten Kenntnis der Berufsmöglichkeiten und Berufsanforderungen, der Lage und Entwicklung auf dem Arbeitsmarkt etc. heraus erfolgen können. So fällt die Entscheidung häufig erst dann, wenn sich die Jugendlichen und ihre Eltern ausreichend informiert haben. Die frühzeitige Information über den Berufsinhalt ist somit ein wesentlicher Ansatzpunkt, das Interesse der Jugendlichen für bestimmte Berufe zu wecken. Das sollte der Großhandel — vor allem seine Organisationen — besonders beachten.

Die Berufsberatungsstellen bedienen sich einer Reihe von Aufklärungsmaßnahmen. An erster Stelle stehen die „berufskundlichen Schulvorträge“ (im Berichtsjahr 1959/60 fast 30 000, darunter 4000 an höheren Schulen). Die Eltern werden durch „Elternbriefe“ auf die Probleme der richtigen Berufswahl hingewiesen und aufgefordert, mit ihren Kindern gemeinsam zur Beratung zu kommen. Für Abiturienten werden häufig besondere Vortragsreihen veranstaltet. Eine weitere Aufklärungsmaßnahme stellen die „berufskundlichen Wanderausstellungen“ dar. Ferner werden Betriebsführungen für interessierte Jugendliche veranstaltet sowie Vorträge vor Lehrern und Jugendlichen gehalten. Nicht zuletzt bedient man sich der Massenmedien Presse, Rundfunk und Fernsehen. Als Hilfsmaterial für die Berufsaufklärung dienen u. a. Filme und Lichtbilder, Druckschriften, Merkblätter und Wandkalender („Berufe im Bild“).

Der weitaus größte Teil der Schulentlassenen sucht — angesprochen durch die Berufsaufklärung — Rat bei der Berufsberatung. Von den Schulabgängern des Jahres 1959/60 suchten ... vH Berufsberatungsstellen auf:

	männlich	*weiblich*
Volksschulabgänger	89,1	86,6
Mittelschulabgänger	89,6	83,2
Abiturienten	63,4	66,0
Durchschnitt	85,1	82,9

Es zeigt sich, daß das Bedürfnis, durch Berufsberatungsstellen beraten zu werden, mit steigender Schulbildung abnimmt. Die Abiturienten sind hinsichtlich der Einschätzung der Berufsmöglichkeiten im allgemeinen recht realistisch, wogegen von den Mittelschulabgängern die Berufsmöglichkeiten vielfach überschätzt werden.

Nach den Erfahrungen der Berufsberatungsstellen spielen bei der Mehrzahl der Ratsuchenden materielle Gesichtspunkte eine wesentliche Rolle für die Berufswahl. Die sozialen Einrichtungen der Betriebe, die Höhe der Erziehungsbeihilfen etc. sind u. a. oft ausschlaggebende Faktoren für die Entscheidung. Aber auch die mit der Arbeit verbundenen körperlichen Beanspruchungen, die Anforderungen an die Aufmerksamkeit, die Gebundenheit an die Arbeitszeit sind wichtige Einflußgrößen und werden untereinander verglichen. Oft spielen diese Überlegungen bei den Eltern eine größere Rolle als bei den Berufsanwärtern. Die Meinung, daß die günstigsten Bedingungen bei den Großbetrieben zu finden wären, ist weit verbreitet. Häufig wird nicht ein bestimmter Beruf angestrebt, sondern irgendeine Stellung in einem Großunternehmen.

In den „Berufswünschen" der Jugendlichen kommen im allgemeinen nur Vorstellungen zum Ausdruck, die von der öffentlichen Meinung über bestimmte Berufe beeinflußt sind. Auch die Ansicht der Eltern spielt in der Regel eine nicht unerhebliche Rolle. Die Berufswünsche werden weitgehend von Berufen angeregt, die häufig und überall in Erscheinung treten oder für eine bestimmte Gegend charakteristisch sind.

In der Statistik werden unter der Position „Berufswünsche" die Berufe ausgewiesen, die die Ratsuchenden bei Beginn des Beratungsgesprächs, also vor der Raterteilung, nennen. Zahlenangaben über die Berufswünsche ermöglichen somit eine Vorstellung davon, in welche Richtung die Interessen der Ratsuchenden überhaupt gehen. Wieweit die genannten Berufswünsche nach der Berufsberatung aufrechterhalten bleiben, ist eine andere Frage. Das ist bei den folgenden Zahlenangaben zu berücksichtigen. Zu beachten ist aber auch, daß nicht alle Schulabgänger und sonstige Berufsanwärter von der Berufsberatung betreut werden, so daß die Zahlen in Wirklichkeit höher sind. Die von der Beratung erfaßten Personen können jedoch als voll repräsentativ für die Gesamtheit der Berufsanwärter angesehen werden, da ja nur knapp 15 vH der Schulabgänger nicht beraten werden.

Tabelle 74

Entwicklung der Berufswünsche insgesamt und der auf den Beruf „Groß- und Außenhandelskaufmann" ausgerichteten Wünsche der Ratsuchenden

(Bundesgebiet ohne Saarland)

Berufsgruppe	Berufswünsche (Ratsuchende)					1959/60[a]	
	1950/51	1952/53	1954/55	1956/57	1958/59	absolut	1950/51 = 100
	a) männlich						
Alle Berufsgruppen..	715 199	653 641	602 529	455 965	383 664	351 461	49,1
Groß- und Außenhandelskaufmann.	13 431	9 601	9 924	10 542	8 584	8 003	59,6
	b) weiblich						
Alle Berufsgruppen..	619 406	615 249	571 101	434 790	362 629	323 072	52,2
Groß- und Außenhandelskaufmann.	10 241	6 543	7 148	8 477	3 393	2 549	24,9
	c) zusammen						
Alle Berufsgruppen..	1334605	1268890	1173630	890775	746293	674 533	50,5
Groß- und Außenhandelskaufmann.	23672	16144	17072	19019	11977	10 552	44,6

Quelle: Ergebnisse der Berufsberatungsstatistik, Bundesanstalt für Arbeitsvermittlung und Arbeitslosenversicherung, Nürnberg.
a) Einschl. Saarland.

Die Zahl der Ratsuchenden, die als Berufswunsch „Groß- und Außenhandelskaufmann“ nannten, ist von 1950/51 bis 1959/60 erheblich, um mehr als die Hälfte, zurückgegangen.

Die Gesamtzahl der Ratsuchenden hat sich — infolge der rückläufigen Zahl der Schulentlassungen — zwar ebenfalls beträchtlich vermindert, doch nicht ganz so stark wie im Großhandel, so daß die Berufswünsche „Groß- und Außenhandelskaufmann“ anteilsmäßig — gemessen an jeweils 1000 Berufswünschen — leicht abnahmen. In den Zwischenjahren verlief jedoch die Entwicklung teilweise anders. So stieg der Anteil der Ratsuchenden, die als Berufswunsch „Groß- und Außenhandelskaufmann“ nannten, in den Jahren 1953/54 bis 1956/57 laufend an, ging dann allerdings wieder zurück und fiel unter den Anteilssatz von 1950/51.

Tabelle 75

Anteil der auf den Beruf „Groß- und Außenhandelskaufmann“ ausgerichteten Wünsche der Ratsuchenden

Jahr	Von 1000 Wünschen entfielen auf den Beruf „Groß- und Außenhandelskaufmann“		
	insgesamt	davon	
		männlich	weiblich
1950/51	*18*	19	17
1951/52	.	.	.
1952/53	*13*	15	11
1953/54	*13*	14	13
1954/55	*15*	16	13
1955/56	*20*	22	17
1956/57	*21*	23	19
1957/58	*18*	23	14
1958/59	*16*	22	9
1959/60	*16*	23	8

Quelle: Ergebnisse der Berufsberatungsstatistik, Bundesanstalt für Arbeitsvermittlung und Arbeitslosenversicherung, Nürnberg.

Wesentlicher als die anteilsmäßige Entwicklung der Berufswünsche ist natürlich die absolute, jedoch erscheint es sehr bemerkenswert, daß seit 1956/57 das Interesse am Großhandelsberuf — relativ gesehen — nachläßt.

Die geschilderte Entwicklung verlief nun für männliche und weibliche Ratsuchende teilweise recht unterschiedlich. Bei den männlichen Ratsuchenden nahm die Zahl derjenigen, die als Berufswunsch „Groß- und Außenhandelskaufmann“ angaben, von 1950/51 bis 1959/60 nicht so stark ab wie die Zahl aller männlichen Ratsuchenden, so daß sich der Anteil hier erhöhte, was allerdings nur auf die Entwicklung bis 1954/55 zurückzuführen ist.

Das insgesamt auch relativ nachlassende Interesse am Großhandelsberuf ist fast ausschließlich auf die weiblichen Ratsuchenden zurückzuführen. Hier nahm der Anteil der auf den Groß- und Außenhandelskaufmann gerichteten Berufswünsche in den letzten Jahren beträchtlich ab.

Zusammenfassend ist festzustellen, daß sich der Groß- und Außenhandel sowohl einer erheblichen absoluten als auch einer relativen Abnahme der auf ihn gerichteten Berufswünsche gegenübersieht, eine Erscheinung, die zu denken gibt und Anlaß für Überlegungen sein sollte, wie dem relativ nachlassenden Interesse begegnet werden kann.

C. Verhältnis zwischen Berufswünschen und angebotenen Ausbildungsplätzen

Die insgesamt angebotenen Berufsausbildungsstellen blieben in den Jahren 1950/51 bis 1959/60 jeweils erheblich hinter der Zahl der Berufswünsche zurück. Die Differenz ist allerdings laufend kleiner geworden, da die Zahl der Ratsuchenden wesentlich stärker zurückging als die Zahl der angebotenen Ausbildungsstellen.

Bei einer Gesamtbetrachtung zeigt sich jedenfalls auch heute noch das Bild eines Angebotüberhangs an Nachwuchskräften. Dieses Durchschnittsbild ergibt sich jedoch aus teilweise völlig unterschiedlichen Situationen in den einzelnen Berufszweigen. In einer Reihe von „Favoritenberufen" ist der Andrang sowohl der männlichen als auch der weiblichen Ratsuchenden viel zu groß. In anderen Berufen, darunter dem des Groß- und Außenhandelskaufmanns, bleiben die Berufswünsche erheblich hinter den angebotenen Ausbildungsplätzen zurück.

Wie aus der nachstehenden Tabelle zu ersehen ist, hat sich die Zahl der Berufsausbildungsstellen für den „Groß- und Außenhandelskaufmann" von 1950/51 auf 1959/60 nicht unbeträchtlich erhöht. Dieser Zunahme stand die bereits geschilderte erhebliche Abnahme der Berufswünsche gegenüber, so daß die Differenz zwischen Berufswünschen und angebotenen Ausbildungsstellen immer größer wurde. Im Jahre 1959/60 entfielen auf einen Berufswunsch „Groß- und Außenhandelskaufmann" 2,8 angebotene Ausbildungsstellen, während das Verhältnis 1950/51 noch 1 : 1 betrug.

Das Verhältnis von Berufswünschen zu Ausbildungsstellen ist nun allerdings nicht entscheidend für die tatsächliche Besetzung der Ausbildungsstellen, da die Ratsuchenden ja durch die Beratung noch häufig ihre Ansicht ändern und einen anderen Beruf als ursprünglich genannt ergreifen. Nicht zuletzt ist bei den Berufswünschen zu berücksichtigen,

Tabelle 76

Entwicklung der Berufswünsche und -ausbildungsstellen insgesamt und in der Berufsgruppe „Groß- und Außenhandelskaufmann"

Berufsgruppe	1950/51	1954/55	1958/59	1959/60 a) abs.	1959/60 a) 1950/51 =100
	a) Berufswünsche (Ratsuchende)				
Alle Berufsgruppen..	1 334 605	1 173 630	746 293	674 533	51
Groß- und Außenhandelskaufmann	23 672	17 072	11 977	10 552	45
	b) Berufsausbildungsstellen				
Alle Berufsgruppen..	557 437	637 696	536 856	583 653	105
Groß- und Außenhandelskaufmann	23 330	27 910	25 925	29 022	124
	c) Differenz zwischen a) und b) b)				
Alle Berufsgruppen..	+ 777 168	+ 535 934	+ 209 437	+ 90 880	.
Groß- und Außenhandelskaufmann	+ 342	− 10 838	− 13 948	− 18 470	.
	d) Angebotene Berufsausbildungsstellen je Berufswunsch				
Alle Berufsgruppen..	0,4	0,5	0,7	0,9	.
Groß- und Außenhandelskaufmann	1,0	1,6	2,2	2,8	.

Quelle: Ergebnisse der Berufsberatungsstatistik, Bundesanstalt für Arbeitsvermittlung und Arbeitslosenversicherung, Nürnberg.

a) Bundesgebiet einschließlich Saarland.

b) + bedeutet: mehr Berufswünsche als Ausbildungsstellen; — bedeutet: mehr Ausbildungsstellen als Berufswünsche.

daß ein Teil der Ratsuchenden nicht eine Ausbildungsstelle sucht, sondern eine Tätigkeit (z. B. Hilfstätigkeit) in einer bestimmten Berufssparte.

D. Verhältnis zwischen Berufseinmündungen und angebotenen Ausbildungsplätzen

Bei einem Vergleich der Zahl der Berufseinmündungen und der angebotenen Ausbildungsstellen ergibt sich ein ganz anderes Bild als bei dem vorher vorgenommenen Vergleich der Berufswünsche und Ausbildungsstellen. Nun zeigt sich, daß nur ein relativ geringer Teil derjenigen, die einen Berufswunsch äußerten, dann auch eine Ausbildungsstelle annimmt oder dafür in Frage kam. In allen Jahren seit 1950/51 blieb die Zahl der Stellenbesetzungen hinter der Zahl der angebotenen Ausbildungsstellen zurück. Die besetzten Berufsausbildungsstellen haben von 1950/51 bis 1959/60 insgesamt stark abgenommen, während die angebotenen Stellen etwas zunahmen, was zur Folge hatte, daß immer mehr Ausbildungsstellen unbesetzt blieben. Während

1950/51 „nur“ rd. 8 vH der angebotenen Berufsausbildungsstellen unbesetzt geblieben waren, sind es 1959/60 rd. 42 vH gewesen.

In der Berufsgruppe „Groß- und Außenhandelskaufmann“ war der Anteil der unbesetzten Ausbildungsstellen in allen Jahren seit 1950/51 geringer als insgesamt, doch hat er sich auch hier mehr als verfünffacht; er betrug 1959/60 mehr als 30 vH. Besorgniserregend ist vor allem der eindeutig nach oben gerichtete Trend des Anteils der nichtbesetzten Stellen.

Tabelle 77

Entwicklung der Berufseinmündungen und -ausbildungsstellen und der sich hieraus ergebenden Deckung des Nachwuchsbedarfs
(Bundesgebiet ohne Saarland)

Berufsgruppe	1950/51	1952/53	1954/55	1956/57	1958/59	1959/60[a] abs.	1959/60[a] 1950/51 = 100
	a) Berufseinmündungen (besetzte Berufsausbildungsstellen)						
Alle Berufsgruppen..	511 120	501 957	564 051	436 201	366 357	338 602	66
Groß- und Außenhandelskaufmann	21 980	22 659	26 315	22 293	21 059	19 915	91
	b) Berufsausbildungsstellen						
Alle Berufsgruppen..	557 437	546 889	637 696	575 065	536 856	583 653	105
Groß- und Außenhandelskaufmann	23 330	23 757	27 910	25 366	25 925	29 022	124
	c) Unbesetzt gebliebene Berufsausbildungsstellen						
Alle Berufsgruppen..	46 317	44 914	73 645	138 864	170 499	245 051	529
Groß- und Außenhandelskaufmann	1 350	1 098	1 595	3 073	4 866	9 107	675
	d) Unbesetzt gebliebene Berufsausbildungsstellen in vH der angebotenen Berufsausbildungsstellen						
Alle Berufsgruppen..	8,3	8,2	11,5	24,1	31,8	42,0	.
Groß- und Außenhandelskaufmann	5,8	4,6	5,7	12,1	18,8	31,4	.

Quelle: Ergebnisse der Berufsberatungsstatistik, Bundesanstalt für Arbeitsvermittlung und Arbeitslosenversicherung, Nürnberg.
a) Einschl. Saarland.

Für die Nichtbesetzung vieler Ausbildungsstellen spielt u. a. das Problem des regionalen Ausgleichs von Angebot und Nachfrage eine wesentliche Rolle. Ein anderer Grund ist darin zu sehen, daß die berufliche Gliederung des Angebots an Ausbildungsstellen von der Struktur der Berufswünsche des Kräfteangebots oft erheblich abweicht.

Im Durchschnitt der kaufmännischen Berufe ist der Nachwuchsmangel nicht sehr drückend. Nur die Berufe Großhandelskaufmann und Einzelhandelskaufmann hatten in dieser Berufsgruppe teilweise erhebliche Besetzungsschwierigkeiten. Beim Groß- und Außenhandelskaufmann zeigt sich allerdings auch, daß trotz rückläufiger Besetzung von Ausbildungsstellen der Anteil der besetzten Stellen an allen Stellenbesetzungen größer wurde, eine Erscheinung, die darauf zurückzuführen ist, daß sich in anderen Berufen insgesamt die Zahl der besetzten Stellen noch stärker verringert hat. (Dies jedoch häufig nicht deshalb, weil nicht genügend Bewerber da waren, sondern auch, weil nicht genügend Ausbildungsstellen vorhanden waren.)

Es dürfte nicht uninteressant sein, die Bedeutung der weiblichen Bewerber bei den Lehrstellenbesetzungen im Beruf „Groß- und Außenhandelskaufmann" kennenzulernen.

Tabelle 78

Weibliche Bewerber für die Lehrstellenbesetzung im Beruf „Groß- und Außenhandelskaufmann"

Zeitraum	Es erhielten eine Lehrstelle als Groß- und Außenhandelskaufmann		
	insgesamt	darunter Mädchen	
		absolut	vH
1950/51	21 980	8 192	37,3
1951/52	22 381	8 682	38,8
1952/53	22 659	9 209	40,6
1953/54	25 260	10 382	41,1
1954/55	26 315	11 025	41,9
1955/56	25 790	11 364	44,1
1956/57	22 293	10 552	47,3
1957/58	21 026	9 938	47,3
1958/59	21 059	9 756	46,3
1959/60	19 915	9 587	48,1

Quelle: Ergebnisse der Berufsberatungsstatistik, Bundesanstalt für Arbeitsvermittlung und Arbeitslosenversicherung, Nürnberg.

E. Die Qualifikation des Nachwuchses

Wie andere Wirtschaftsbereiche, sieht sich der Großhandel bei der Deckung seines Nachwuchsbedarfs nicht nur einem quantitativen, sondern auch einem qualitativen Problem gegenüber. Die Qualifikation des Berufsnachwuchses hat sich in den zurückliegenden Jahren — von 1959 abgesehen — verschlechtert. Das läßt sich deutlich an den Ergebnissen der Lehr- und Anlernabschlußprüfungen bei den Industrie- und Handelskammern erkennen.

Im Jahre 1959 wurden im Bundesgebiet 291 756 Lehr- und Anlernabschlußprüfungen durchgeführt. Knapp 12 vH der Prüflinge bestanden nicht. Der Anteil der bestandenen Prüfungen war von 1954 bis 1958 deutlich rückläufig, während in den vorhergehenden Jahren die umgekehrte Tendenz vorgelegen hatte. Auch 1959 hat sich der Anteil der bestandenen Prüfungen wieder etwas erhöht.

Tabelle 79

Anteil der bestandenen Prüfungen bei allen Lehr- und Anlernlingen sowie bei den Lehr- und Anlernlingen im Lehrberuf Groß- und Außenhandelskaufmann

Zeitraum	Alle Lehr- und Anlernlinge	Lehr- und Anlernlinge im Lehrberuf Groß- und Außenhandelskaufmann
1950	89,2	88,5
1951	90,3	88,8
1952	90,8	89,8
1953	89,5	86,6
1954	90,1	87,4
1955	89,7	86,0
1956	89,2	85,6
1957	88,5	84,4
1958	87,7	84,8
1959	88,2	86,0

Quelle: Deutscher Industrie- und Handelstag, Schriftenreihe, Hefte 8, 19, 26, 29, 35, 41, 49, 55, 58 68, betreffend: Berufsausbildung (Lehrlingszahlen und Prüfungsergebnisse).

Im Lehrberuf Groß- und Außenhandelskaufmann lag der Anteilssatz der bestandenen Prüfungen in allen Jahren unter dem Anteilssatz für alle Lehr- und Anlernlinge. Die Differenz ist hierbei bis 1957 laufend größer geworden. Lediglich von 1957 auf 1958 nahm der Anteil der bestandenen Prüfungen im Lehrberuf Groß- und Außenhandelskaufmann etwas zu, während er insgesamt weiter zurückging.

Die Qualifikation des Nachwuchses im Groß- und Außenhandel ist also schlechter als im Durchschnitt aller kaufmännischen Berufe. Die Ursache hierfür liegt entweder darin, daß sich überdurchschnittlich viele weniger begabte Jugendliche dem Beruf eines Großhandelskaufmanns zuwenden oder daß die Berufsausbildung in diesem Wirtschaftsbereich weniger intensiv ist.

Die allgemeine Verschlechterung der Prüfungsergebnisse in den zurückliegenden Jahren hat verschiedene Ursachen. Seit Jahren werden beispielsweise — nach Beobachtungen der Industrie- und Handelskammern — mäßig oder sogar unzureichend geeignete Jugendliche unter Lehrvertrag genommen. Zahlreiche Jugendliche werden in Berufen ausgebildet, die mehr von ihnen fordern als sie geben können. Auf der anderen Seite ist die Ausbildung häufig unzureichend. Manche Ausbilder nehmen sich ihrer Schützlinge nicht in der erforderlichen Weise an, teils aus Nachlässigkeit, teils weil sie selbst zu beschäftigt sind und nicht die nötige Zeit hierfür aufbringen können. Die mancherorts unzureichende Berufsschulausbildung wirkt sich ebenfalls leistungsmindernd aus. Treffen die genannten Mängel zusammen, so sind schlechte Prüfungsergebnisse nicht verwunderlich.

Die abnehmende Qualifikation des Nachwuchses hat nun auch noch andere — tiefer liegende — Ursachen. Jugendpsychologen weisen schon seit Jahren darauf hin, daß sich der Reifungsprozeß der heranwachsenden Jugend wesentlich verändert hat. Während sich die körperliche Entwicklung zeitlich vorverlagert hat, zieht sich die geistige und seelische Entwicklung über einen längeren Zeitraum hin als früher. Vielerorts zu beobachtende Mängel in der inneren Einstellung der Jugendlichen zum Beruf sind hierauf zurückzuführen.

Wieweit die verschlechterten Prüfungsergebnisse im Zusammenhang mit den Arbeitszeitverkürzungen stehen, ist schwer zu beurteilen. Die durch die Arbeitszeitverkürzungen verringerte Ausbildungszeit hat sich jedoch gewiß nicht positiv ausgewirkt. Bei weiteren Arbeitszeitverkürzungen wird das Problem „Ausbildungszeit" jedenfalls sehr aktuell.

Detaillierte Unterlagen über die Ergebnisse der Lehrabschlußprüfungen liegen für die Jahre 1956, 1957 und 1958 vor. Ein Vergleich zwischen den genannten Jahren ist jedoch nur bedingt möglich, da es sich jeweils nur um zusammengefaßte Prüfungsergebnisse mehrerer und in den einzelnen Jahren verschiedener Kammern handelt. Die nachstehend dargestellten Prüfungsergebnisse beziehen sich nur auf die Kaufmannsgehilfenprüfungen, da nur hier Vergleichsmöglichkeiten zwischen den Verhältnissen in Großhandel, Industrie und Einzelhandel gegeben sind. Die Prüfungsergebnisse beziehen sich ferner nur auf den schriftlichen Teil der Prüfungen.

Für 1956 liegen aufgegliederte Prüfungsergebnisse der Kammern Bielefeld und Bochum vor. Sie zeigen zunächst, daß einem recht hohen Anteil der Prüflinge in den drei Lehrberufen Einzelhandelskaufmann, Großhandelskaufmann und Industriekaufmann das Rechnen große Schwierigkeiten bereitete. Bemerkenswerterweise war hier der Anteil der Versager in der Industrie am größten. Demgegenüber war Buchführung eine besondere Schwäche der Lehrlinge des Großhandels. Hier wurden von den Industrie-Prüflingen die weitaus besten Ergebnisse erzielt. Auch in den anderen Fächern waren die kaufmännischen Lehrlinge der Industrie besser qualifiziert. Die Großhandels-Lehrlinge schnitten zwar im allgemeinen besser ab als die Einzelhandels-Lehrlinge, doch ist hierbei zu beobachten, daß im Einzelhandel der Anteil der weiblichen Nachwuchskräfte viel höher ist, deren Prüfungsergebnisse — wie noch gezeigt wird — im allgemeinen merklich hinter denen der männlichen Kollegen zurückbleiben.

Tabelle 80

Kaufmannsgehilfenprüfungen im Jahre 1956 — schriftlicher Teil — Bielefeld/Bochum

(in vH)

Prüffach	Note	Einzel-handels-kaufmann	Groß-handels kaufmann	Industrie-kaufmann
Buchführung	1	5,0	8,0	18,5
	2	27,0	29,5	30,0
	3	30,0	23,0	24,0
	4	25,0	17,0	16,0
	5/6	13,0	23,0	11,5
		100	*100*	*100*
Rechnen ...	1	6,5	8,5	4,5
	2	22,5	25,5	16,0
	3	22,0	22,5	18,5
	4	25,5	23,5	25,0
	5/6	23,5	20,0	36,0
		100	*100*	*100*
Schriftverkehr ..	1	0,5	1,5	1,0
	2	15,0	22,0	24,0
	3	37,5	39,5	39,0
	4	36,5	30,0	29,5
	5/6	10,5	7,0	6,5
		100	*100*	*100*
Aufsatz	1	1,0	2,0	3,0
	2	16,5	19,5	32,0
	3	36,5	35,5	40,0
	4	36,0	32,0	32,0
	5/6	10,0	11,0	3,0
		100	*100*	*100*

Quelle: Deutscher Industrie- und Handelstag, Schriftenreihe, Heft 49, S. 35.

Bei den Kaufmannsgehilfenprüfungen im Jahre 1957 bestanden — nach zusammengefaßten Angaben von 6—8 Kammern — rd. 17 vH der Großhandelsprüflinge nicht, ein erheblich höherer Anteil als bei den Einzelhandels- und Industrie-Lehrlingen.

Bei den Resultaten der Prüflinge, die bestanden, ist ein deutliches Gefälle von der Industrie zum Großhandel und vom Großhandel zum Einzelhandel erkennbar. Das Gefälle von Industrie zu Großhandel

Tabelle 81

Kaufmannsgehilfenprüfungen im Jahre 1957 bei 6 bis 8 Kammern

(in vH)

Lehrberuf	Bestanden mit Note				Nicht bestanden
	1	2	3	4	
Einzelhandelskaufmann	2,5	19,9	40,0	24,6	13,0
Großhandelskaufmann	5,1	21,9	33,9	22,2	16,9
Industriekaufmann ..	5,5	25,8	33,0	19,9	15,8

Quelle: Deutscher Industrie- und Handelstag, Schriftenreihe, Heft 55, S. 34.

zeigt sich — noch ausgeprägter — auch bei den Prüfungsergebnissen nach Fächern, die von der Industrie- und Handelskammer Hannover vorliegen. In Hannover waren auch die Prüfungsergebnisse bei den Einzelhandelslehrlingen bedeutend besser als bei den Prüflingen aus dem Großhandel. Aufschlußreich ist jedenfalls, daß die Prüfungsergebnisse der Großhandelslehrlinge in Hannover erheblich unter den Durchschnittsergebnissen der Kaufmannsgehilfenprüfungen insgesamt lagen, und zwar bei allen schriftlichen Prüfungsfächern.

Im Jahre 1958 war der Anteil der Prüflinge, die nicht bestanden — nach den Ergebnissen von über 40 000 kaufmännischen Lehrabschlußprüfungen bei 18 Kammern — im Lehrberuf Großhandelskaufmann mit 17 vH wiederum merklich größer als im Durchschnitt, vor allen Dingen erheblich größer als in der Industrie. Auch bei den Prüfungsresultaten der bestandenen Prüfungen schnitten die Lehrlinge des Großhandels erheblich schlechter ab als die der Industrie.

Tabelle 82

Kaufmannsgehilfenprüfungen im Jahre 1958 bei 18 Kammern

(in vH)

Lehrberuf	Bestanden mit Note			Nicht bestanden
	1 und 2	3	4	
Alle kaufmännischen Lehrberufe	24,1	60,4		15,5
darunter:				
Einzelhandelskaufmann	20,1	38,5	26,4	15,0
Großhandelskaufmann	23,9	35,5	23,6	17,0
Industriekaufmann	30,7	35,0	20,2	14,1

Quelle: Deutscher Industrie- und Handelstag, Schriftenreihe, Heft 58, S. 29 ff.

Für einzelne Fächer liegen für 1958 Ergebnisse von Kaufmannsgehilfenprüfungen der Kammern Bielefeld und Köln vor. Sie zeigen für alle schriftlichen Fächer ein erheblich ungünstigeres Abschneiden der Großhandels-Lehrlinge gegenüber den Lehrlingen aus der Industrie. Im Vergleich zu den Kaufmannsgehilfenprüfungen insgesamt schneidet der Großhandel allerdings nicht so ungünstig ab. Im Prüfungsfach Rechnen waren die Ergebnisse für die Lehrlinge aus dem Großhandel sogar besser als im Durchschnitt.

Tabelle 83

Kaufmannsgehilfenprüfungen im Herbst 1958 — schriftlicher Teil Bielefeld und Köln

(in vH)

Prüffach	Note	Kaufmannsgehilfenprüfungen insgesamt	darunter		
			Einzelhandelskaufmann	Groß- und Außenhandelskaufmann	Industriekaufmann
Buchführung	1	8,6	1,2	2,4	20,0
	2	21,4	25,3	20,2	27,2
	3	21,4	19,3	24,2	14,9
	4	27,1	39,7	26,9	18,7
	5/6	21,5	14,5	26,3	19,2
		100	*100*	*100*	*100*
Rechnen	1	6,1	1,1	6,8	10,6
	2	21,4	29,5	24,0	26,8
	3	24,0	31,8	24,4	17,3
	4	26,7	29,6	24,6	21,4
	5/6	21,8	8,0	20,2	23,9
		100	*100*	*100*	*100*
Schriftverkehr	1	0,9	6,9	—	1,2
	2	15,8	24,2	15,3	23,5
	3	31,6	24,2	36,2	41,6
	4	32,6	34,4	35,8	29,6
	5/6	19,1	10,3	11,7	4,1
		100	*100*	*100*	*100*
Aufsatz	1	2,1	1,2	0,7	3,8
	2	23,5	38,3	18,1	32,4
	3	28,6	37,2	27,8	28,2
	4	27,2	16,3	42,5	26,2
	5/6	13,6	7,0	10,9	9,4
		100	*100*	*100*	*100*

Quelle: Deutscher Industrie- und Handelstag, Schriftenreihe, Heft 58, S. 31.

Zur Frage „Qualifikation des Nachwuchses im Großhandel" läßt sich zusammenfassend und generalisierend feststellen, daß *das Leistungsniveau des Großhandelsnachwuchses* — an Prüfungsergebnissen gemessen — *unterdurchschnittlich* ist, und daß sich die *Qualifikation* — dem Trend für den gesamten Nachwuchs entsprechend — bis 1958 *laufend verschlechtert* hat. Die besten Nachwuchskräfte hat bisher ohne Zweifel die Industrie an sich ziehen können; möglicherweise wirkten sich hier jedoch die besseren Ausbildungsmöglichkeiten positiv auf die Prüfungsergebnisse aus.

Der Großhandel wird sich jedenfalls in den nächsten Jahren sehr bemühen müssen, das Leistungsniveau seines Nachwuchses anzuheben, damit schädliche Wirkungen auf die betriebliche Leistungserfüllung vermieden werden.

VIII. Die voraussichtliche Deckung des Arbeitskräftebedarfs im Großhandel bis 1965[32]

Wie bei jeder Projektion wirtschaftlicher Entwicklungen müssen auch bei dem Versuch, die künftige Deckung des Arbeitskräftebedarfs im Großhandel vorauszuschätzen, bestimmte Annahmen gemacht werden, von denen nicht sicher ist, ob sie sich später als voll zutreffend erweisen werden. Die folgenden Vorausschätzungen können somit nur Anhaltspunkte über die wahrscheinlichen Entwicklungstendenzen geben.

A. Die voraussichtliche Entwicklung der für den Großhandel von 1960 bis 1965 zur Verfügung stehenden Arbeitskräfte

Um Arbeitskräfteangebot und Arbeitskräftebedarf des Großhandels vorausschätzen zu können, ist es notwendig, das künftige Gesamtangebot an Arbeitskräften bzw. die voraussichtliche gesamtwirtschaftliche Entwicklung abzugreifen. Das Ifo-Institut hat nach umfangreichen Vorarbeiten das reale Bruttosozialprodukt (in Preisen von 1954) bis 1970 projiziert und Methode und Ergebnis im Rahmen einer Arbeit über die künftigen Entwicklungstendenzen des Güterverkehrs veröffentlicht[33]. Die hieraus in diesem Abschnitt verwendeten Ergebnisse sind auf den neuesten Stand gebracht worden; sie beruhen auf neu durchgeführten Berechnungen der Abteilung Allgemeine Wirtschaftsbeobachtung und Konjunkturpolitik im Ifo-Institut.

Für die Vorausschätzung des Bruttosozialprodukts mußte neben der Produktivität und der Arbeitszeit auch die Zahl der Erwerbstätigen (Selbständige, mithelfende Familienangehörige und abhängig Beschäftigte) projiziert werden. Da anhaltende Vollbeschäftigung unterstellt wurde, stellen die vorausgeschätzten Zahlen der Beschäftigten in jedem Falle eine obere Grenze des Arbeitskräfteangebots dar, es sei denn, die Zuwanderung würde höher sein als angenommen. Für das Jahr 1961 wurde mit einer Zuwanderung von 120 000 Arbeitskräften aus

---

[32] Dieses Kapitel wurde unter Mitarbeit von Josef Gattinger, Abteilung Allgemeine Wirtschaftsbeobachtung und Konjunkturpolitik im Ifo-Institut erstellt.

[33] Vgl. „Die Entwicklungstendenzen des Güterverkehrs in der Bundesrepublik Deutschland bis zum Jahre 1970“, Schriftenreihe des Ifo-Instituts, Nr. 40, Berlin/München, 1960, S. 22 ff.

Mitteldeutschland und etwa ebensovielen ausländischen Arbeitskräften gerechnet. In den darauffolgenden Jahren wurde ein Wanderungsüberschuß von insgesamt nur rd. 150 000 Arbeitskräften unterstellt. Ferner wurde angenommen, daß die Halbtagsarbeit — bedingt durch Arbeitskräftemangel — weiter steigen wird.

Tabelle 84

Voraussichtliche Entwicklung der Zahl der Erwerbstätigen insgesamt[a]) im Bundesgebiet (ohne Saarland und Berlin) von 1960 bis 1965

Jahr	Erwerbstätige in 1000	Veränderung gegen Vorjahr in vH
1960	24 600	+ 1,5
1961	24 770	+ 0,7
1962	24 880	+ 0,4
1963	25 000	+ 0,5
1964	25 140	+ 0,6
1965	25 340	+ 0,8

Quelle: Schätzungen des Ifo-Instituts.
a) Ohne Soldaten.

Wie aus der Tabelle zu ersehen ist, wird die Zahl der Erwerbstätigen von 1961 bis 1965 im Durchschnitt nur mehr um etwa 0,6 vH zunehmen, also wesentlich schwächer als in den vorangegangenen Jahren. Sollte — was nach Lage der Dinge nicht anzunehmen ist — noch vor 1965 in den übrigen Bundesländern — wie bisher schon in Schleswig-Holstein, Hamburg und Bremen — das 9. Pflichtschuljahr eingeführt werden, würde sich die Erwerbspersonenzahl um maximal 400 000 verringern.

Um die Veränderung der Zahl der Beschäftigten im Großhandel für die Jahre 1960 bis 1965 abschätzen zu können, war es notwendig, das Verhältnis der Zahl der im Großhandel beschäftigten Personen zu allen Erwerbstätigen im Bundesgebiet für den Zeitraum 1950 bis 1959 festzustellen.

Der Anteil der Erwerbstätigen im Großhandel an der Gesamtzahl der Erwerbstätigen im Bundesgebiet ist seit 1950 laufend gestiegen, im Durchschnitt um 0,2 vH pro Jahr. Bis 1956 ist das anteilsmäßige Wachstum relativ konstant verlaufen. Von 1956 bis 1959 hat es sich dann etwas verlangsamt. Diese anteilsmäßige Verlangsamung geht einher mit der zunehmenden Verknappung der Arbeitskräfte, die sich auch im Großhandel etwa ab 1956 empfindlich bemerkbar machte. Die relativ geringe Zunahme der Quote im Jahre 1958 dürfte mehr auf die stagnierende Umsatztätigkeit in diesem Jahr zurückzuführen sein als auf verstärkte Schwierigkeiten bei der Beschaffung von Arbeitskräften.

Tabelle 85

Die anteilsmäßige Entwicklung der im Großhandel beschäftigten Personen an allen Erwerbstätigen im Bundesgebiet (ohne Saarland und Berlin) von 1950 bis 1959

Jahr	Erwerbstätige insgesamt[a)]		Erwerbstätige im Großhandel		Anteil der Erwerbstätigen im Großh. an den Erwerbstätigen insges. in vH
	in 1000	1950=100	in 1000	1950=100	
1950	20 000	100	728	100	3,6
1952	20 900	105	832	114	4,0
1954	21 980	110	950	131	4,3
1956	23 395	117	1113	153	4,8
1958	24 010	120	1209	166	5,0
1959	24 230	121	1289	177	5,3

Quelle: Statistisches Bundesamt (Erwerbstätige insgesamt) und Ifo-Institut (Erwerbstätige im Großhandel), vgl. Kapitel II A 1, S. 17 ff.
a) Ohne Soldaten.

Vor allem zwei Gründe sprechen dafür, daß das anteilsmäßige Wachstum der Zahl der Beschäftigten im Großhandel in den nächsten Jahren geringer sein wird als es sich zunächst rein rechnerisch, d. h. bei Übertragung der Entwicklung der zurückliegenden Jahre seit 1950 in die Zukunft ergibt:

a) Die relativ starke Stellung, die der Großhandel bislang am Arbeitsmarkt hatte, wird vermutlich dadurch vermindert werden, daß die Arbeitskraftreserven nun nahezu völlig ausgeschöpft sind und die Konkurrenz um die Arbeitskräfte sich aller Voraussicht nach noch verschärfen wird.

b) Die weitere Zunahme der Gesamtzahl der Beschäftigten wird fast ausschließlich durch Vermittlung ausländischer Arbeitskräfte ermöglicht werden, die überwiegend für das produzierende Gewerbe in Frage kommen. Ausländische Arbeitskräfte dürften im Großhandel im wesentlichen nur im gewerblichen Bereich (Lager, Fuhrpark) Verwendung finden.

Es dürfte dem Großhandel deshalb künftig schwerer fallen, seinen Arbeitskräftebedarf zu decken. Der Großhandel wird sein Augenmerk mehr als bisher auf die Schulentlassenen sowie auf weibliche Halbtagskräfte richten müssen.

Es liegen also Anzeichen dafür vor, daß der Großhandel den Anteil seiner Beschäftigtenzahl an der Gesamtzahl der Beschäftigten bis 1965 nicht mehr so stark erhöhen kann wie im Durchschnitt der Jahre 1950 bis 1959 (0,2 vH). Allerdings sind auch keine Anhaltspunkte vorhanden, die auf eine *nennenswerte* Verlangsamung der Zunahme dieser Quote schließen lassen, zumal langfristig der Bedarf an Dienstleistungen überproportional zunehmen wird, die Möglichkeiten für Produktivitätsfortschritte hier aber begrenzt sind. Im Gegensatz zum produzierenden Gewerbe können hier Arbeitskräfte nur in geringem Maße durch Maschinen, Organisation und Disposition ersetzt werden.

Unter Berücksichtigung aller Einflußfaktoren nehmen wir an, daß es dem Großhandel möglich sein wird, seinen Anteil bis 1965 um 0,15 vH jährlich zu erhöhen. Dieses anteilsmäßige Wachstum wurde der nachstehenden Vorausschätzung zu Grunde gelegt.

Tabelle 86

Voraussichtliche Entwicklung der Zahl der Erwerbstätigen im Großhandel (ohne Saarland und Berlin) von 1960 bis 1965

Jahr	Erwerbstätige in 1000	Vergleich gegenüber dem Vorjahr in vH	Anteil an den Erwerbstätigen insgesamt in vH
1960	1340	+ 3,9	5,45
1961	1385	+ 3,3	5,60
1962	1430	+ 3,2	5,75
1963	1475	+ 3,1	5,90
1964	1520	+ 3,0	6,05
1965	1570	+ 3,3	6,20

Quelle: Schätzungen des Ifo-Instituts.

Demnach würde ein Beschäftigtenwachstum von rd. 17 vH von 1960 bis 1965 erreicht, bei einer jährlichen Erhöhung des Großhandelsanteils an den Gesamtbeschäftigten um 0,15 vH. Dieses Wachstum erscheint unter den gegebenen Umständen und den derzeitigen Aspekten als maximal. Es ist mit dem für den Großhandel zur Verfügung stehenden Arbeitskräfte*angebot* identisch, dem nun der voraussichtliche Arbeitskräfte*bedarf* des Großhandels gegenübergestellt werden soll.

B. Die voraussichtliche Entwicklung des Arbeitskräftebedarfs im Großhandel von 1960 bis 1965

Der Arbeitskräftebedarf des Großhandels steht in engem Zusammenhang mit dem Umfang seiner Geschäftstätigkeit. Die Vorausschätzung der Entwicklungstendenzen des Arbeitskräftebedarfs bis 1965 soll deshalb anhand der voraussichtlichen weiteren Absatzentwicklung vorgenommen werden, die jedoch ebenfalls erst projiziert werden muß. Es erscheint zweckmäßig, die künftige Absatzenwicklung im Großhandel mit Hilfe der vom Ifo-Institut projizierten Sozialproduktsentwicklung (vgl. die Ausführungen auf S. 126) abzuschätzen.

Bei dieser Vorausschätzung ist auszugehen von der *realen* Sozialproduktsentwicklung und den Großhandelsumsätzen zu *gleichbleibenden Preisen;* dies deshalb, weil nur der mengenmäßige Absatz des Großhandels für die Personalentwicklung maßgebend ist.

Um die künftige Entwicklung näher bestimmen zu können, ist es erforderlich, den Zusammenhang zwischen beiden Reihen in der Vergangenheit zu untersuchen.

Für die Jahre von 1950 bis 1960 liegen Angaben des Statistischen Bundesamtes über die reale Entwicklung des Bruttosozialprodukts vor. Daten über die reale Entwicklung der Großhandelsumsätze liefert die amtliche Statistik allerdings nicht[34]. Es war daher erforderlich, die Preisveränderungen des Großhandels von 1950 bis 1960 abzuschätzen.

Wir sind dabei so vorgegangen, daß wir den Gesamtumsatz des Großhandels je nach Art der Güter in Gruppen aufgeteilt haben und die Umsätze dieser Gruppen getrennt mit verschiedenen Preisreihen bereinigt haben und zwar die Umsätze

des Großhandels mit Rohstoffen und Halbwaren
 mit dem Erzeugerpreisindex der Grundstoff- und Produktionsgüterindustrien[35]

des Großhandels mit Konsumgüter-Fertigwaren
 mit dem Erzeugerpreisindex für Verbrauchsgüterindustrien[35]

des Großhandels mit Investitionsgüter-Fertigwaren
 mit dem Erzeugerpreisindex für Investitionsgüterindustrien[35]

des Großhandels mit Nahrungs- und Genußmitteln
 mit dem Einzelhandelspreisindex für Lebensmittelgeschäfte[36]

des Ein- und Ausfuhrhandels
 mit dem Preisniveau der Ein- bzw. Ausfuhr nach der Sozialproduktsberechnung[37].

Dieses Verfahren ist zwar methodisch angreifbar, doch konnte damit u. E. der Trend der Preisentwicklung im Großhandel zufriedenstellend ermittelt werden. Allerdings war die Preisbereinigung aus statistischen Gründen nur für 1950 und die Jahre ab 1954 möglich, da die Umsätze für die Zwischenjahre 1951—1953 nicht entsprechend aufgegliedert werden konnten.

---

[34] Das *Statistische Bundesamt* arbeitet zur Zeit an der Erstellung eines Großhandelspreisindex.

[35] Preise, Löhne, Wirtschaftsrechnungen, Reihe 3: Preise und Preisindices für industrielle Produkte 1950—1960, Statistisches Bundesamt.

[36] Preise, Löhne, Wirtschaftsrechnungen, Reihe 6: Einzelhandelspreise und Indices der Verbraucherpreise, Statistisches Bundesamt.

[37] Wirtschaft und Statistik, Statistisches Bundesamt.

Tabelle 87

Entwicklung der Großhandelsumsätze nominal und real von 1950 bis 1960

Jahr	Umsatz in jeweiligen Preisen in Mrd. DM	Preisindex 1954 = 100	Umsatz in Preisen von 1954 in Mrd. DM
1950	66,0	89	74,2
1954	99,7	100	99,7
1955	114,9	104	110,5
1956	130,0	105	123,8
1957	139,6	107	130,5
1958	143,0	105	136,2
1959	156,1	106	147,3
1960	174,7	109	160,3

Quelle: Statistisches Bundesamt und Berechnungen des Ifo-Instituts.

Es kann nun festgestellt werden, wie sich der mengenmäßige Umsatz des Großhandels seit 1950 im Vergleich zum realen Bruttosozialprodukt entwickelt hat. Es zeigt sich, daß die Großhandelsumsätze von 1950 bis 1960 stärker gestiegen sind als das Bruttosozialprodukt, was ausschließlich auf die Entwicklung nach 1955 zurückzuführen ist. Vor allem in den ersten Jahren nach der Währungsreform hatte der Großhandel seine frühere Funktionsfähigkeit, die durch die Kriegseinwirkungen und ihre Folgen erheblich eingeschränkt worden war, noch nicht wieder voll erreicht. Von 1955 bis 1960 war das reale Bruttosozialprodukt um 33 vH, der mengenmäßige Großhandelsumsatz aber um 45 vH gestie-

Tabelle 88

Bruttosozialprodukt und Großhandelsumsatz von 1950 bis 1960
(in Preisen von 1954)

Jahr	Bruttosozialprodukt			Großhandelsumsatz			Abweichung d. Wachstumsraten d. Großhandelsumsätze von denen des Bruttosozialprodukts
	Mrd. DM	1950 = 100	Vdg. gg. Vorj. in vH	Mrd. DM	1950 = 100	Vdg. gg. Vorj. in vH	
1950	113,1	100	.	74,2	100	.	.
1954	157,0	139	+ 8,6 a)	99,7	135	+ 7,8 a)	—0,8
1955	175,2	155	+11,6	110,5	149	+10,8	—0,8
1956	187,0	165	+ 6,7	123,8	167	+12,0	(+5,3)
1957	197,1	174	+ 5,4	130,5	176	+ 5,4	±0
1958	203,2	180	+ 3,1	136,2	184	+ 4,4	+1,3
1959	217,0	192	+ 6,8	147,3	199	+ 8,2	+1,4
1960	233,8	207	+ 7,7	160,3	216	+ 9,2	+1,5

a) Jährliche Veränderung im Durchschnitt der Jahre 1950 bis 1954, errechnet nach der Zinseszinsformel.

gen. Die stark überdurchschnittliche Entwicklung der Großhandelsumsätze im Jahre 1956 dürfte allerdings auf Sondereinflüsse zurückzuführen sein.

Läßt man die Entwicklung im Jahre 1956 außer Betracht, so zeigt sich also eindeutig der Trend, daß das Wachstum der Großhandelsumsätze von Jahr zu Jahr stärker über dem des Bruttosozialprodukts lag.

Daß zwischen realem Bruttosozialprodukt und mengenmäßigem Großhandelsabsatz ein enger linearer Zusammenhang besteht, zeigt das nachstehende Streuungsdiagramm.

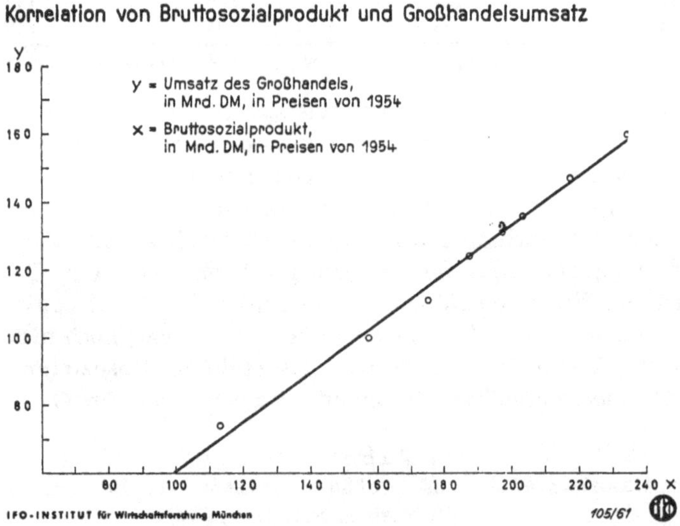

Schaubild 6

Für diesen Zusammenhang wurde folgende Regressionsgleichung ermittelt:

$$Y = -11{,}837\,147 + 0{,}726\,171\,X.$$

Hier ist Y = Umsatz des Großhandels (in Mrd. DM; in Preisen von 1954)
X = Bruttosozialprodukt (in Mrd. DM; in Preisen von 1954)

Der Korrelationskoeffizient für die Übereinstimmung zwischen den beobachteten und gemäß der obigen Funktion errechneten Werten der zu erklärenden Variablen ist mit $r = 0{,}9994$ sehr hoch.

Die Projektion des mengenmäßigen Umsatzes des Großhandels bis 1965 mit Hilfe der oben angeführten Nachfragefunktion lieferte folgendes Ergebnis:

Tabelle 89

Projektion des Großhandelsumsatzes von 1960 bis 1965

(in Preisen von 1954)

Jahr	Umsatz des Großhandels		*Zum Vergleich:* Reales Bruttosozialprodukt	
	Mrd. DM	Vdg. in vH	Mrd. DM	Vdg. in vH
1960	160,3		233,8	
1965	205	+ *27,8*	294	+ *25,7*

Die regressionsanalytische Projektion ergab eine Zunahme der mengenmäßigen Großhandelsumsätze von 1960 bis 1965 um knapp 28 vH, während das reale Bruttosozialprodukt gleichzeitig um knapp 26 vH wächst.

Es ist nun zu untersuchen, mit welchem Arbeitskräftebestand der Großhandel im Jahre 1965 diesen Umsatz von 205 Mrd. DM (in Preisen von 1954) erzielen kann. Dabei wurde zunächst unterstellt, daß sich der mengenmäßige Umsatz je beschäftigte Person nicht verändert, also kein Produktivitätsfortschritt eintritt. Im Jahre 1959 wurde mit knapp 1,3 Mill. Beschäftigten ein Umsatz von 147,3 Mrd. DM erzielt; pro beschäftigte Person betrug der Umsatz im Jahre 1959 also DM 114 300,—. Für ein Umsatzvolumen von 205 Mrd. DM im Jahre 1965 wären somit fast 1,8 Mill. beschäftigte Personen erforderlich. Diese Zahl verringert sich jedoch bei Berücksichtigung der zu erwartenden Produktivitätsfortschritte. In den Jahren von 1950 bis 1959 ergab sich im Durchschnitt eine jährliche Produktivitätszunahme von 1,6 vH.

Tabelle 90

Mengenmäßiger Umsatz[a]) je beschäftigte Person von 1950 bis 1959

Jahr	in 100 DM	Durchschnittliche jährliche Veränderung in vH
1950	101,9	—
1954	104,9	+0,7 [b])
1956	111,2	+3,2
1958	112,7	+0,7
1959	114,3	+1,4

a) In Preisen von 1954.

b) Berechnet nach der Zinseszinsformel.

Die Produktivitätsentwicklung in den einzelnen Jahren steht in engem Zusammenhang mit der konjunkturellen Entwicklung. Die durchschnittliche Produktivitätszunahme um 1,6 vH ist als Maßstab für die künftige Entwicklung — wie obige Tabelle zeigt — durch das 1956er Ergebnis allerdings etwas überhöht. Andererseits muß beachtet werden, daß sich in den nächsten Jahren die Mechanisierungs- und Rationalisierungsbestrebungen noch verstärken werden (vgl. Abschnitt VI, S. 103 ff.). In die Berechnung ist unter Berücksichtigung der genannten und anderer Faktoren (Verkürzung der Arbeitszeit) ein Produktivitätsfortschritt je Erwerbstätiger von 1,5 vH im Jahresdurchschnitt bis 1965 einbezogen worden.

Unter dieser Voraussetzung würde sich der mengenmäßige Umsatz (in Preisen von 1954) des Großhandels je beschäftigte Person im Jahre 1965 auf knapp 125 000 DM stellen. Für die Bewältigung eines Umsatzvolumens von 205 Mrd. DM (vgl. Tab. 89) wären dann rd. 1,640 Mill. Arbeitskräfte nötig, das sind 27 vH mehr als 1959.

Tabelle 91

Die Entwicklung des Arbeitskräftebedarfs im Großhandel von 1959 bis 1965

Jahr	Beschäftigte Personen		Zum Vergleich: Umsatz[a])	
	in 1000	Vdg. in vH	in Mrd. DM	Vdg. in vH
1959	1289	—	147	—
1965	1640	+ *27*	205	+ *39*

a) In Preisen von 1954.

Bei dieser rechnerischen Ermittlung des künftigen Arbeitskräftebedarfs blieb unberücksichtigt, daß der Großhandel auch 1959 schon seinen Arbeitskräftebedarf nach eigenen Aussagen (vgl. Kapitel III, S. 35 ff.) nicht voll decken konnte. Dies deshalb, weil nicht nachgeprüft wurde, inwieweit der angemeldete zusätzliche Bedarf „echt" ist bzw. nur vorsorglich gemeldet wurde und ob bzw. in welchem Maße er zu Umsatzausfällen geführt hat. Führt der Arbeitskräftefehlbestand nämlich nicht zu Umsatzausfällen, so hat er eine Produktivitätssteigerung — damit also eine durchaus wünschenswerte Erscheinung — zur Folge. Die oben vorgeführte Prognose ist also so zu verstehen, daß bei einer Zunahme der Beschäftigten des Großhandels von 1959 bis 1965 um 27 vH auf dem Arbeitsmarkt des Großhandels etwa jenes Spannungsverhältnis bestehen würde, das im Jahre 1959 zu verzeichnen war.

C. Die mögliche Deckung des Arbeitskräftebedarfs im Großhandel von 1960 bis 1965

Nach unseren Schätzungen wird sich das für den Großhandel zur Verfügung stehende Arbeitskräftepotential von 1959 bis 1965 im Höchstfalle um 22 vH erhöhen. Die Abschätzung des zusätzlichen Arbeitskräftebedarfs ergab demgegenüber eine Steigerungsrate von rd. 27 vH.

Tabelle 92
Der voraussichtliche Arbeitskräftefehlbestand im Großhandel im Jahre 1965 im Vergleich zum Jahr 1959

Jahr	Arbeitskräftebedarf		Zur Verfügung stehende Arbeitskräfte[a])	
	in 1000	Vdg. in vH	in 1000	Vdg. in vH
1965	1289	—	1289	—
1959	1640	+ 27	1570	+ 22

a) Vgl. Tabelle 86.

Zwischen dem zur Verfügung stehenden Arbeitskräfteangebot und dem Arbeitskräftebedarf wird also voraussichtlich im Jahre 1965 eine merkliche Diskrepanz bestehen. Der echte Arbeitskräftefehlbestand im Großhandel wird sich vermutlich um etwa 70 000 Personen, das sind knapp 5 vH der Beschäftigten im Jahre 1965, erhöhen.

D. Die Deckung des Nachwuchsbedarfs im Großhandel von 1960 bis 1965

Im Rahmen der Frage nach der möglichen Deckung des Arbeitskräftebedarfs im Großhandel interessiert auch, wieweit in den kommenden Jahren der Nachwuchsbedarf befriedigt werden kann. Die Untersuchung der Entwicklung des Nachwuchsbedarfs und seiner Befriedigung für die zurückliegenden Jahre seit 1950 ergab, daß sich die Zahl der unbesetzt gebliebenen Berufsausbildungsstellen im Großhandel laufend erhöhte (vgl. Kapitel VI). Im letzten Berichtsjahr 1959/60 sind gut 30 vH der Ausbildungsstellen nicht besetzt worden. In der gesamten westdeutschen Wirtschaft waren es allerdings mehr als 40 vH.

Für die Abschätzung des künftigen Ausmaßes der Deckung des Nachwuchsbedarfs müssen vor allem folgende Fragen geklärt werden:

a) Wie wird sich die Zahl der Schulentlassungen entwickeln?
b) Wie wird sich die Zahl der Berufseinmündungen entwickeln?
c) Welcher Anteil an den Berufseinmündungen kommt für den Großhandel in Betracht?
d) Wie wird sich die Zahl der Berufsausbildungsstellen im Großhandel verändern?

Über die Zahl der Schulentlassungen in den nächsten Jahren liegen Berechnungen des Statistischen Bundesamtes vor. Um Vorstellungen darüber zu erhalten, welcher Anteil aller Schulentlassenen tatsächlich in eine Ausbildungsstelle in der Wirtschaft (meist Lehrstelle) eintritt (Berufseinmündung), ist zunächst für die zurückliegenden Jahre das entsprechende Verhältnis festzustellen.

Tabelle 93

Die Entwicklung der Zahl der aus allgemeinbildenden Schulen Entlassenen und der Zahl der Berufseinmündungen von 1950/51 bis 1959/60

(Bundesgebiet ohne Saarland)

Jahr	Schulentlassungen		Berufseinmündungen (Besetzte Berufsausbildungsstellen)		Anteil der besetzten Berufsausbildungsstellen an den Schulentlassungen in vH	
	absolut	1950/51 = 100	absolut	1950/51 = 100		
1950/51	836 139	100	511 120	100	61	⌀ 60
1951/52	830 451	99	.	.	.	
1952/53	835 882	100	501 975	98	60	
1953/54	951 504	114	576 245	113	60	
1954/55	869 281	104	564 051	110	65	
1955/56	783 208	94	519 276	102	66	
1956/57	710 329	85	436 201	85	61	
1957/58	705 211	84	404 605	79	57	
1958/59	614 816	74	366 357	72	60	
1959/60 a)	578 926	69	338 602	66	59	

Quelle: Ergebnisse der Berufsberatungsstatistik, Bundesanstalt für Arbeitsvermittlung und Arbeitslosenversicherung, Nürnberg.
a) Einschl. Saarland.

Wie aus der vorstehenden Tabelle zu entnehmen ist, mündeten im Durchschnitt der Jahre 1950/51 bis 1959/60 rd. 60 vH der aus allgemeinbildenden Schulen Entlassenen in eine Berufsausbildungsstelle ein. Der

Tabelle 94

Die voraussichtliche Entwicklung der Zahl der aus allgemeinbildenden Schulen Entlassenen und der Zahl der Berufseinmündungen von 1960/61 bis 1964/65

in 1000

(Bundesgebiet einschließlich Saarland)

Jahr	Schulentlassungen	Berufseinmündungen (besetzte Berufsausbildungsstellen)
1960/61	677	406
1961/62	700	420
1962/63	743	446
1963/64	749	449
1964/65	745	447

Quelle: Berechnungen des Statistischen Bundesamtes (Vgl. Wirtschaft und Statistik, Heft 12/1960) und Schätzungen des Ifo-Instituts.

genannte Anteilssatz schwankte innerhalb des Betrachtungszeitraumes nur wenig; er war auch der häufigste Wert. Für die Jahre bis 1965 wird daher mit diesem Anteilssatz gerechnet.

Die Zahl der gesamten Berufseinmündungen wird nach dem Tief im Jahre 1959/60 in den darauffolgenden Jahren wieder laufend zunehmen.

In den zurückliegenden Jahren hat sich der Anteilssatz der Berufseinmündungen im Großhandel an allen Berufseinmündungen — mit Ausnahme des Berichtsjahres 1953/54 — ständig erhöht, im Durchschnitt um 0,2 vH. Besonders stark war die Zunahme im Berichtsjahr 1958/59. Läßt man die aus dem Trend herausfallende Entwicklung in den Jahren 1953/54 und für 1958/59 außer Betracht, so zeigt sich, daß sich der Anteilssatz am häufigsten um 0,1 vH erhöht hat. In den Berichtsjahren 1954/55 und 1955/56 erhöhte sich der Anteil mit jeweils 0,3 vH überdurchschnittlich.

Tabelle 95

Die Entwicklung der Zahl der Berufseinmündungen im Großhandel im Verhältnis zu den gesamten Berufseinmündungen von 1950/51 bis 1959/60

Jahr	Berufseinmündungen (besetzte Berufsausbildungsstellen)		Anteil der Berufseinmündungen im Großhandel an den Berufseinmündungen insgesamt in vH
	insgesamt	Großhandel	
1950/51	511 120	21 980	4,3
1951/52	.	.	.
1952/53	501 975	22 659	4,5
1953/54	576 245	25 260	4,4
1954/55	564 051	26 315	4,7
1955/56	519 276	25 790	5,0
1956/57	436 201	22 293	5,1
1957/58	404 605	21 026	5,2
1958/59	366 357	21 059	5,7
1959/60 a)	338 602	19 915	5,9

Quelle: Ergebnisse der Berufsberatungsstatistik, Bundesanstalt für Arbeitslosenvermittlung und Arbeitslosenversicherung, Nürnberg.
a) Einschl. Saarland.

Es erscheint — angesichts des angespannten Arbeitsmarktes — angebracht, für die Jahre bis 1965 eher mit einer geringeren, denn mit einer stärkeren Erhöhung des Anteilssatzes für die Berufseinmündungen im Großhandel zu rechnen, als er sich im Durchschnitt der zurückliegenden Jahre ergab. Wir werden daher mit einem Steigerungssatz von 0,1 vH pro Jahr operieren.

Tabelle 96

Die voraussichtliche Entwicklung der gesamten Berufseinmündungen und der Berufseinmündungen im Großhandel von 1960/61 bis 1964/65
(Bundesgebiet einschließlich Saarland)

Jahr	Berufseinmündungen (besetzte Berufsausbildungsstellen) in 1000		Anteil der Berufseinmündungen im Großhandel an den Berufseinmündungen insgesamt in vH
	insgesamt	Großhandel	
1960/61	406	24,4	6,0
1961/62	420	25,6	6,1
1962/63	446	27,6	6,2
1963/64	449	28,7	6,3
1964/65	447	28,6	6,4

Quelle: Ergebnisse der Berufsberatungsstatistik, Bundesanstalt für Arbeitslosenvermittlung und Arbeitslosenversicherung, Nürnberg, und eigene Schätzungen.

Nach dem laufenden absoluten Rückgang der Besetzungen von Berufsausbildungsstellen im Großhandel seit 1956 wird der Trend 1960/61 umschlagen. Von 1960/61 bis 1964/65 wird die Zahl der Stellenbesetzungen nach unseren Schätzungen um 17 vH zunehmen. Wieweit kann damit der Nachwuchsbedarf des Großhandels, der sich in etwa an der angebotenen Zahl an Ausbildungsstellen ablesen läßt, befriedigt werden? Um diese Frage größenordnungsmäßig beantworten zu können, muß abgeschätzt werden, wieviele Ausbildungsstellen in den nächsten Jahren bis 1965 vom Großhandel angeboten werden.

In den Jahren seit 1950/51 hat die Zahl der vom Großhandel angebotenen Ausbildungsstellen tendenziell laufend zugenommen; allerdings waren die jährlichen Zunahmen verhältnismäßig schwach, wenn man die Jahre 1955 und 1960 — ausgesprochene Hochkonjunktur-Jahre und deshalb als Maßstab für die weitere Entwicklung ungeeignet — aus der Betrachtung ausklammert. Zwischen 1950/51 und 1958/59 erhöhte sich die Zahl der angebotenen Ausbildungsstellen um rd. 11 vH, die der Beschäftigten von 1951 bis 1959 um etwa 65 vH. Die Erhöhung der Zahl der Ausbildungsstellen machte somit nur rd. 17 vH der Zunahme der Beschäftigten aus. In dieser Zahl kommt ein zunehmendes Mißverhältnis zwischen der Gesamtzahl der Beschäftigten und der Zahl der Nachwuchskräfte zum Ausdruck. Dies läßt allerdings noch nicht eindeutig den Schluß zu, daß der Anteil der ausgebildeten Kräfte im Großhandel abnimmt, da jetzt vielfach ausgebildete weibliche Arbeitskräfte länger im Berufsleben bleiben als früher. Unter der Annahme, daß sich in den Jahren von 1959 bis 1965 die Zunahme der Ausbildungsstellen auch nur um durchschnittlich 17 vH der Steigerung des Arbeitskräftebedarfs (rd. 27 vH) erhöhen wird, nimmt die Zahl der Ausbildungsstellen von 25 925 im Jahre 1959 um rd. 4,5 vH auf rund 27 100 im Jahre 1965 zu.

Nach unseren Schätzungen könnten im Jahre 1965 rund 28 600 Berufsausbildungsstellen besetzt werden (vgl. Tabelle 96). Rein rechnerisch kann also für 1965 — unter der Voraussetzung, daß sich das Verhältnis zwischen angebotenen Lehrplätzen und beschäftigten Personen in der Tendenz wie bisher entwickelt — erwartet werden, daß sich sogar ein kleiner Überhang an Bewerbern über die angebotenen Ausbildungsplätze ergibt, während im Jahre 1959 von den 25 925 angebotenen Berufsausbildungsstellen des Großhandels 4866, das sind 18,8 vH, unbesetzt blieben. Auch wenn man die in der groben Schätzungsmethode liegenden möglichen Fehlerquellen berücksichtigt, so dürfte doch die Tendenz feststehen, daß in den folgenden Jahren bis 1965 der Nachwuchsbedarf des Großhandels erheblich besser als bisher gedeckt werden kann, während der Arbeitskräftefehlbestand insgesamt noch etwas zunehmen wird. Von der Nachwuchsseite her erscheint also eine Reduzierung des Arbeitskräftefehlbestands im Großhandel in den nächsten Jahren am ehesten möglich zu sein.

IX. Zusammenfassung

Die wesentlichsten Ergebnisse der Untersuchung lassen sich in vier Punkten zusammenfassen:

1. Die Zahl der im Großhandel beschäftigten Personen hat im letzten Jahrzehnt erheblich stärker zugenommen als die Zahl der Erwerbstätigen insgesamt. Der Anteil der Großhandelsfirmen, die ihren Bedarf an Arbeitskräften nicht decken können, ist in den letzten Jahren jedoch merklich gestiegen, obwohl durch umfangreiche Rationalisierungsmaßnahmen erhebliche Personaleinsparungen erzielt werden konnten. Ende September 1960 fehlten dem Großhandel nach eigenen Angaben etwa 5 vH der zu diesem Zeitpunkt insgesamt beschäftigten Personen.

2. Es sind mannigfache Ursachen, die die Wahl des Arbeitsplatzes beeinflussen können. Negativ für den Großhandel dürfte sich vor allem das im Vergleich zur übrigen Wirtschaft niedrigere Niveau der tariflichen Gehälter und Löhne auswirken. Das effektive Gehalts- und Lohnniveau im Großhandel unterscheidet sich von dem der übrigen Wirtschaft dagegen nur wenig. Soweit vergleichbare Unterlagen herangezogen werden konnten, zeigte sich hinsichtlich der sonstigen — freiwilligen — Leistungen teilweise sogar eine gewisse Überlegenheit des Großhandels. Die Summe der tariflichen Leistungen gibt bei einem Vergleich mit anderen Wirtschaftsbereichen somit ein etwas verzerrtes — für den Großhandel zu ungünstiges — Bild.

3. Besorgniserregend ist vor allem das Nachwuchsproblem. Die Zahl der nicht besetzten Ausbildungsstellen hat sich im Großhandel von 1950 bis 1959 mehr als verdreifacht.

4. Die Diskrepanz zwischen der Arbeitskräftenachfrage des Großhandels und dem Angebot wird sich bis 1965 voraussichtlich noch verstärken. Demgegenüber wird der Nachwuchsbedarf erheblich besser als bisher gedeckt werden können. Es wird sich empfehlen, daß der Großhandel gerade seine Bemühungen um den Nachwuchs verstärkt, da von dieser Seite her eine Reduzierung des Arbeitskräftefehlbestands in den nächsten Jahren am ehesten möglich erscheint.

Anhang I: Tabellen

Tabelle 1

Aufgliederung der fehlenden Arbeitskräfte nach Tätigkeitsgruppen in den Branchen des Großhandels (in vH)

Branche	kaufmännische Angestellte							Arbeiter			Lehrlinge	Fehlende Arbeitskräfte insgesamt
	Stenotypist. bzw. Fakturistin.	Korrespondenten	Buchhaltungskräfte	Hilfskräfte i. Verkauf u. Lager	Verkäufer	Reisende	Sonstige	Lagerarbeiter	Kraftfahrer	Fachkräfte		
Nahrungs- u. Genußmittel	5	1	5	21	14	7	—	12	8	—	27	100
Textilien u. Bekleidung ..	5	2	4	13	7	7	—	12	3	33	14	100
Schuhe	27	—	13	20	13	—	—	—	7	—	20	100
Papier, Bürobed., Schreibw.	6	2	5	31	2	3	2	19	2	—	28	100
Elektroartikel	15	3	8	13	8	10	—	11	8	4	20	100
Eisen und Metallwaren	10	6	1	13	8	9	2	25	8	—	18	100
Uhren u. Schmuckwaren ..	14	5	5	19	—	33	5	—	—	5	14	100
Photoartikel und optische Artikel	22	2	4	8	13	17	1	12	2	2	17	100
Eisen und Stahl	9	2	3	23	8	3	1	37	6	—	8	100
Werkzeuge und Maschinen	22	6	3	13	6	7	2	11	6	8	16	100
Kfz-Teile, Fahrräder, Mopeds	10	1	7	16	24	7	—	1	6	6	22	100
Sanitäres Installationsmaterial	18	4	2	12	10	2	—	22	2	—	28	100
Baustoffe	15	1	4	10	4	7	1	29	13	4	12	100
Holz	3	1	1	9	3	3	—	52	11	6	11	100
Papier und Pappe	13	1	3	21	3	3	—	30	3	8	15	100
Chemikalien	9	4	3	9	1	9	—	33	7	7	18	100
Häute und Felle	—	—	—	—	—	—	—	91	9	—	—	100
Leder	10	—	10	20	—	30	—	10	—	—	20	100

Quelle: Sondererhebung des Ifo-Instituts im Rahmen des Konjunkturtests.

Tabelle 2

Vergleich der tariflichen Angestelltengehälter im Großhandel nach räumlichen Geltungsbereichen

(Stand: 1. 3. 1961)

Gehaltsgruppe		Baden-Württemberg	Südbaden	Bayern	Berlin	Hamburg	Hessen	Niedersachsen
In Kraft seit:		1. 12. 59	1. 8. 60	1. 6. 60	1. 12. 60	1. 2. 61	1. 1. 60	1. 1. 61
Kündbar:		31. 3. 61	31. 12. 61	30. 6. 61	28. 2. 62	31. 3. 62	31. 3. 61	31. 12. 61
Tar. Gebiet		I	I	I	—	—	A	S
	*	DM	DM	DM	DM	DM	DM	DM
K I	A	161,—	171,—	201,—	113,—	200,—	80,—	155,—
	E	347,— A	320,—	385,—	325,—	350,— I	319,—	345,—
K II	A	214,—	205,—	224,—	242,—	250,—	195,—	260,—
	E	400,— B	398,—	430,—	435,—	430,— II	382,—	485,—
K III	A	338,—	332,—	328,—	290,—	320,—	350 —	490,—
	E	530,— C	517,—	530,—	465,—	470,— IIa	477,—	655,—
K IV	A	533,—	496,—	460,—	442,—	330,— III	461,—	ab 655,—
	E	669,— D	639,—	640,—	590,—	555,—	564,—	
K V	A		ab 706,—		freie Vereinbarung	510,—	589,—	
	E					710,— IV	652,—	
K VI	A						ab 747,—	
	E							

* A = Anfangsgehalt, E = Endgehalt.

Tabelle 2 (Fortsetzung)

Gehaltsgruppe		NRW Düssel-dorf**	Rheinland-Rheinh.	Köln—Aachen—Bonn	Pfalz	Saarland	Schleswig-Holstein
In Kraft seit:		1. 1. 61	1. 8. 60	1. 1. 61	1. 5. 60	1. 11. 60	1. 10. 60
Kündbar:		30. 4. 62	31. 7. 61	30. 4. 62	30. 4. 61	31. 10. 61	30. 9. 61
Tar. Gebiet		—	I	S	I	—	—
	*	DM	DM	DM	DM	DM	DM
K I	A	255,—	105,—	180,—	134,—	125,—	180,—
	E	450,—	350,—	420,—	335,—	215,—	301,— 0
K II	A	305,—	205,—	260,—	226,—	240,—	274,—
	E	530,—	425,—	475,—	411,—	435,—	389,— I
K III	A	540,—	320,—	340,—	316,—	345,—	383,—
	E	730,—	490,—	535,—	451,—	505,—	460,— II
K IV	A	ab 820,—	370,—	535,—	409,—	505,—	548,—
	E		550,—	655,—	583,—	700,—	597,— III
K V	A		550,—	655,—	ab 658,—	ab 750,—	646,—
	E		650,—	800,—			685,— IV
K VI	A		ab 700,—	ab 880,—			
	E						

* A = Anfangsgehalt, E = Endgehalt.
** Die Tarifsätze der Bezirksverbände von Nordrhein-Westfalen entsprechen mit Ausnahme des Bezirksverbandes Köln-Aachen-Bonn im wesentlichen den Gehältern von Düsseldorf. Die Tarifsätze werden ab 1. 1. 1962 nochmals um 3 % erhöht.

Tabelle 3

Vergleich der Lehrlingsvergütungen im Groß- und Außenhandel nach räumlichen Geltungsbereichen

(Stand: 1. 3. 1961)

Räumlicher Geltungsbereich	Lehrbeginn vor dem 16. Lebensjahr			Lehrbeginn nach dem 16. Lebensjahr			Lehrbeginn nach dem 18. Lebensjahr			Lehrbeginn nach dem 21. Lebensjahr		
	1	2	3	1	2	3	1	2	3	1	2	3
Baden-Württemberg[a])	60,—	70,—	80,—	65,—	75,—	85,—	75,—	85,—	95,—	85,—	95,—	105,—
Südbaden	70,—	80,—	95,—	75,—	85,—	100,—	75,—	85,—	100,—	75,—	85,—	100,—
Bayern	75,—	85,—	100,—	80,—	95,—	105,—	95,—	105,—	120,—	95,—	105,—	120,—
Berlin	65,—	75,—	90,—	75,—	85,—	100,—	85,—	95,—	110,—	85,—	95,—	110,—
Hamburg	75,—	90,—	110,—	75,—	90,—	110,—	90,—	110,—	120,—	90,—	110,—	120,—
Hessen	70,—	80,—	100,—	80,—	90,—	110,—	80,—	90,—	110,—	80,—	90,—	110,—
Niedersachsen	85,—	95,—	105,—	95,—	105,—	115,—	105,—	115,—	130,—	105,—	115,—	130,—
Nordrhein-Westfalen (Düsseldorf)[b])	75,—	95,—	115,—	85,—	110,—	125,—	110,—	130,—	140,—	110,—	130,—	140,—
Köln-Aachen-Bonn[c])	80,—	95,—	115,—	90,—	110,—	125,—	115,—	130,—	145,—	145,—	155,—	180,—
Rheinland-Rheinhessen ...	70,—	80,—	90,—	80,—	90,—	100,—	90,—	100,—	110,—	90,—	100,—	110,—
Pfalz	70,—	85,—	100,—	75,—	90,—	110,—	75,—	90,—	110,—	75,—	90,—	110,—
Saarland[a])	75,—	90,—	110,—	85,—	100,—	120,—	95,—	110,—	130,—	95,—	110,—	130,—
Schleswig-Holstein	70,—	80,—	100,—	70,—	80,—	100,—	70,—	80,—	100,—	70,—	80,—	100,—

Quelle: Tarifverträge. — a) Für das 4. Lehrjahr erhöht sich die Erziehungsbeihilfe entsprechend dem Lebensalter jeweils um 10,— DM gegenüber dem 3. Lehrjahr. — b) Die tariflichen Lehrlingsvergütungen der Bezirksverbände von NRW entsprechen mit Ausnahme der Bezirksvereinigung Köln-Aachen-Bonn weitgehend den Tarifsätzen von Düsseldorf. — c) Für den Fall der Nach- und Spätlehre erhöht sich die Erziehungsbeihilfe entsprechend dem Lebensalter um jeweils 25 % gegenüber der Ausbildungsbeihilfe des letzten Jahres.

Tabelle 4

Vergleich der Vergütungen für kaufmännische Lehrlinge in Bayern in ausgewählten Wirtschaftszweigen
(Stand: 1. Januar 1961)

Lehrbeginn	vor dem 16. Lebensjahr			nach dem 16. Lebensjahr			nach dem 18. Lebensjahr		
Lehrjahr	1.	2.	3.	1.	2.	3.	1.	2.	3.
I. *Höchste Vergütungen:*									
Privates Bankgewerbe.	119	146	173	119	146	173	119	146	173
Papierindustrie	114	132	164	114	132	164	114	132	164
Baugewerbe	100	130	160	110	140	170	110	140	170
Braugewerbe	110	127	145	110	127	145	110	127	145
Südbayer. Textilindustrie	95	115	145	100	125	155	100	125	155
Lederindustrie	100	120	140	100	120	140	100	120	140
II. *Niedrigste Vergütungen:*									
Spielwarenindustrie ..	52	70	103	61	80	108	76	95	120
Molkerei- und Käsereigewerbe	87	104	121	87	104	121	87	104	121
Ernährungsindustrie ..	80	100	125	80	100	125	80	100	125
Einzelhandel	65	80	100	70	85	105	80	95	115
III. *Vergütungen im Großhandel:*	75	85	100	80	95	105	95	105	120

Quelle: Tarifverträge.

Tabelle 5

Durchschnittliche Bruttomonatsverdienste nach Altersgruppen und Dauer der Betriebszugehörigkeit im Oktober 1957

Dauer der Betriebszugehörigkeit in Jahren	Durchschnittlicher Bruttomonatsverdienst	Alter in Jahren				
		unter 25	25 bis unter 35	35 bis unter 45	45 bis unter 55	55 und mehr
		1. Binnengroßhandel				
		a) männliche Angestellte				
unter 3	486	307	537	617	620	543
3 bis unter 15	596	330	568	686	709	662
15 und mehr	743	—	578	696	782	770
zusammen	*579*	*316*	*556*	*665*	*711*	*687*
		b) weibliche Angestellte				
unter 3	299	253	378	401	400	371
3 bis unter 15	397	297	418	477	470	458
15 und mehr	520	—	451	504	537	544
zusammen	*352*	*264*	*402*	*453*	*466*	*483*
		2. Ein- und Ausfuhrhandel				
		a) männliche Angestellte				
unter 3	580	366	618	702	746	601
3 bis unter 15	697	380	649	756	811	726
15 und mehr	843	—	.	774	897	824
zusammen	*667*	*370*	*635*	*739*	*814*	*736*
		b) weibliche Angestellte				
unter 3	346	295	411	462	430	.
3 bis unter 15	449	337	460	496	501	479
15 und mehr	581	—	.	.	623	566
zusammen	*392*	*302*	*434*	*487*	*492*	*518*

Quelle: „Verdienste der Angestellten in Industrie und Handel", Statistische Berichte, Arb. Nr. VI/12/3, Statistisches Bundesamt.

Tabelle 6

Übersicht über die Verdienste vergleichbarer Angestellter im Oktober 1957 in verschiedenen Wirtschaftsbereichen

1. Beispiel: Weibl. Angestellte Leistungsgruppe V[a]), Betriebszugehörigkeit: unter 3 Jahre, Alter: unter 25 Jahre	Bruttomonatsverdienst	*2. Beispiel:* Männl. Angestellte, Leistungsgruppe IV[b]), Betriebszugehörigkeit: 3 bis 15 Jahre, Alter: 25 bis unter 35 Jahre	Bruttomonatsverdienst	*3. Beispiel:* Männl. Angestellte, Leistungsgruppe III[c]), Betriebszugehörigkeit: 3 bis unter 15 Jahre, Alter: 35 bis unter 45 Jahre	Bruttomonatsverdienst
Im Durchschnitt der erfaßten Wirtschaftsbereiche	220.—	Im Durchschnitt der erfaßten Wirtschaftsbereiche	485.—	Im Durchschnitt der erfaßten Wirtschaftsbereiche	669.—
Im Geld-, Bank und Börsenwesen	239.—	im Steinkohlenbergbau	650.—	im Steinkohlenbergbau	893.—
im Fahrzeugbau	238.—	im Fahrzeugbau	544.—	im Geld-, Bank- und Börsenwesen	749.—
in der Eisen- u. Stahlindustrie	236.—	in der Eisen- u. Stahlindustrie	543.—	in der Eisen- u. Stahlindustrie	736.—
in der Elektrotechnik	236.—	in der Chemischen Industrie	524.—	in der Chemischen Industrie	711.—
in der Chemischen Industrie	234.—	in der Elektrotechnik	515.—	in der Elektrotechnik	690.—
im Bekleidungsgewerbe	223.—	im Geld-, Bank- und Börsenwesen	478.—	im Fahrzeugbau	690.—
im Ein- und Ausfuhrhandel	*222.—*	in der Lederindustrie	470.—	im Baugewerbe	670.—
im Baugewerbe	215.—	im Baugewerbe	467.—	im Öffentlichen Dienst	658.—
in der Lederindustrie	212.—	im Bekleidungsgewerbe	463.—	in der Lederindustrie	629.—
im Binnengroßhandel	*199.—*	*im Ein- und Ausfuhrhandel*	*430.—*	*im Binnengroßhandel*	*628.—*
in der Sägerei u. Holzindustrie	196.—	in der Sägerei u. Holzindustrie	429.—	*im Ein- und Ausfuhrhandel*	*595.—*
im Einzelhandel	189.—	*im Binnengroßhandel*	*428.—*	im Bekleidungsgewerbe	580.—
im Öffentlichen Dienst	183.—	im Einzelhandel	408.—	im Einzelhandel	577.—
		im Öffentlichen Dienst	378.—	in der Sägerei u. Holzindustrie	555.—

Quelle: Zusammengestellt nach: „Verdienste der Angestellten in Industrie und Handel", Statistische Berichte, Arb. Nr. VI/12/3, Stat. Bundesamt. — a) *Leistungsgruppe V* sind Angestellte in einfacher, schematischer oder mechanischer Tätigkeit, die keine Berufsausbildung erfordert. — b) *Leistungsgruppe IV* sind Angestellte ohne eigene Entscheidungsbefugnis in einfacher Tätigkeit, deren Ausübung eine abgeschlossene Berufsausbildung oder auch durch mehrjährige Berufstätigkeit, den erfolgreichen Besuch einer Fachschule oder privates Studium erworbene Fachkenntnisse voraussetzt, außerdem Angestellte, die als Aufsichtspersonen einer kleineren Anzahl von überwiegend ungelernten Arbeitern vorstehen. — c) *Leistungsgruppe III* sind Angestellte mit mehrjähriger Berufserfahrung oder besonderen Fachkenntnissen und Fähigkeiten bzw. mit Spezialtätigkeiten, die nach allgemeiner Anweisung selbständig arbeiten, jedoch keine Verantwortung für die Tätigkeit anderer tragen, außerdem Angestellte mit qualifizierter Tätigkeit, die die fachlichen Erfahrungen eines Meisters aufweisen, bei erhöhter Verantwortung größeren Abteilungen vorstehen und denen Aufsichtspersonen unterstellt sind.

Tabelle 7

Durchschnittliche Bruttomonatsverdienste der kaufmännischen (k) und technischen (t) Angestellten im Binnengroßhandel

(in DM)

Jahr	Geschlecht	Februar			Mai			August			November		
		k	t	zus.	k	t	zus.	k	t	zus.	k	t	zus.
1957	männlich	533	584	538	539	576	542	545	588	549	556	595	559
	weiblich	350	365	350	349	373	349	355	375	356	357	369	357
	insgesamt	451	561	*457*	453	554	*459*	459	565	*465*	465	571	*471*
1958	männlich	563	612	568	568	617	572	577	631	581	589	676	595
	weiblich	363	380	363	364	375	364	370	374	370	373	396	374
	insgesamt	473	587	*479*	476	589	*482*	483	601	*489*	491	651	*499*
1959	männlich	590	669	597	597	679	603	610	692	616	623	718	630
	weiblich	377	391	377	376	400	376	383	414	383	389	421	389
	insgesamt	494	644	*501*	497	655	*505*	507	668	*515*	517	697	*524*
1960	männlich	635	752	642	641	769	648	658	789	665	678	807	684
	weiblich	401	460	401	403	466	403	415	488	416	426	474	426
	insgesamt	530	733	*538*	533	748	*540*	548	769	*555*	563	784	*570*

Quelle: „Preise, Löhne, Wirtschaftsrechnungen", Reihe 15, Teil II: Angestelltenverdienste, Herausgeber: Statistisches Bundesamt, Wiesbaden.

Tabelle 8

Durchschnittliche Bruttomonatsverdienste der kaufmännischen (k) und technischen (t) Angestellten im Ein- und Ausfuhrhandel

(in DM)

Jahr	Geschlecht	Februar			Mai			August			November		
		k	t	zus.	k	t	zus.	k	t	zus.	k	t	zus.
1957	männlich	551	660	557	560	661	566	567	658	572	577	665	582
	weiblich	375	357	375	378	373	378	386	390	386	388	364	387
	insgesamt	468	632	*473*	472	643	*477*	479	643	*484*	485	650	*490*
1958	männlich	593	703	598	604	702	609	608	721	614	617	735	622
	weiblich	400	411	400	399	398	399	404	390	403	409	384	409
	insgesamt	499	685	*504*	504	652	*509*	510	666	*515*	518	679	*523*
1959	männlich	623	727	628	622	748	627	639	761	643	649	835	655
	weiblich	414	394	414	412	386	412	419	393	418	428	425	428
	insgesamt	522	677	*526*	521	683	*525*	532	696	*535*	541	757	*545*
1960	männlich	670	801	674	684	923	695	702	940	714	714	990	727
	weiblich	441	434	441	445	421	444	458	456	458	465	476	465
	insgesamt	559	723	*562*	566	853	*574*	584	876	*592*	594	929	*604*

Quelle: „Preise, Löhne, Wirtschaftsrechnungen", Reihe 15, Teil II: Angestelltenverdienste, Herausgeber: Statistisches Bundesamt, Wiesbaden.

Tabelle 9

Die Entlohnung der Beschäftigten in den Fachzweigen des einzelwirtschaftlichen Binnengroßhandels

(Stand: Dezember 1959)

Branche	... vH der Firmen bezahlten die Mitarbeiter			Von den Beschäftigten wurden ... vH	
	ausschließlich nach den tariflichen Bestimmungen	ausschließlich übertariflich	teils tariflich teils übertariflich	nach den tariflichen Bestimmungen	übertariflich
				bezahlt	
Nahrungs- und Genußmittel	5	5	90	57	43
Textilien und Bekleidung	17	16	67	53	47
Schuhe	4	41	55	49	51
Schreib- und Papierwaren	12	29	59	52	48
Eisen- und Metallwaren	4	45	51	30	70
Elektro- und Rundfunkartikel	5	44	51	26	74
Fotoapparate und -zubehör	19	26	55	42	48
Uhren und Uhrenbestandteile, Schmuckwaren	14	57	29	46	54
Optische Artikel	19	6	75	58	52
Fahrräder, Mopeds und deren Ersatzteile	30	20	50	24	76
Eisen und Stahl	9	50	41	15	85
Werkzeuge und Maschinen	5	50	45	65	35
Kfz-Ersatzteile	13	37	50	30	70
Elektrisches Installationsmaterial	—	56	44	20	80
Sanitäres Installationsmaterial	7	56	37	22	78
Baustoffe	5	51	44	39	61
Holz	13	40	47	49	51
Papier und Pappe	17	52	31	31	69
Heimtextilien	14	56	30	16	84
Chemikalien	15	46	39	33	67
Häute und Felle	—	94	6	6	94
Leder	3	25	72	39	61

Quelle: Sondererhebung des Ifo-Instituts im Rahmen des Konjunkturtests.

Tabelle 10
Die Entlohnung der Beschäftigten im Importgroßhandel
(Stand: Dezember 1959)

Importbranche	... vH der Firmen bezahlten die Mitarbeiter				Von den Beschäftigten, für die ein Tarif besteht, wurden ... vH	
	ausschließlich nach den tariflichen Bestimmungen	ausschließlich übertariflich	teils tariflich, teils übertariflich	nach freier Vereinbarung, da kein Tarif besteht	nach tariflichen Bestimmungen	übertariflich
					bezahlt	
Baumwolle	17	17	33	33	30	70
Rohwolle	21	36	25	18	19	81
Häute und Felle	—	58	25	17	19	81
Chemikalien	29	42	29	—	84	16
Kautschuk	25	75	—	—	—	100
Papier und Pappe	—	60	20	20	1	99
Überseehölzer	—	78	22	—	18	82
Europäische Hölzer	—	56	33	11	33	67
Öle, Fette Ölrohstoffe	—	50	33	17	21	79
Getreide, Futtermittel	17	17	66	—	30	70
Obst und Südfrüchte, Trockenfrchüte	12	46	42	—	16	84
Kaffee	7	72	21	—	11	89
Tee	—	50	50	—	3	97

Quelle: Sondererhebung des Ifo-Instituts im Rahmen des Konjunkturtests.

Tabelle 11

Lohnnebenkosten nach Aufwendungsarten in vH der bereinigten Lohn- und Gehaltssumme

Aufwandsart	Alle erfaßten Wirtschaftsbereiche	*Handel,* Geld- und Versicherungswesen
Naturalleistungen	0,4	0,0
Arbeitgeberanteil zur gesetzlichen Sozialversicherung	11,6	10,7
Aufwendungen und Zuschüsse zur Betriebskrankenkasse nach der RVO	0,1	0,0
Beiträge zur Unfallversicherung	2,3	0,7
Einrichtung zur Unfallverhütung und für erste Hilfe	0,1	0,0
Arbeitsschutz und Unfallverhütung	0,2	0,0
Aufwendungen aufgrund des Kindergeldgesetzes, des Schwerbeschädigtengesetzes, des Mutterschutzgesetzes, des Betriebsverfassungsgesetzes	1,4	1,2
Gesetzlicher und tariflicher Urlaub	6,0	6,5
Zusätzlicher Urlaub	0,0	0,2
Gesetzlich zu bezahlende Feiertage	4,3	4,3
Weitere Ausfallzeiten entsprechend tariflicher Vereinbarung	0,8	0,7
Weiterzahlung der Bezüge in Krankheitsfällen	1,0	2,9
Bezahlte zusätzliche Ausfallzeiten	0,1	0,3
Zulagen zu den Leistungen der gesetzlichen Kranken- und Unfallversicherung	0,3	0,2
Gratifikationen, Abschlußvergütungen, 13. Monatsgehalt, Gewinn- und Ertragsbeteiligungen und ähnliche Ausschüttungen	4,5	9,8
Weitere direkte Zuwendungen	2,6	3,3
Direkte Pensionszahlungen	2,2	1,7
Jahresrückstellungen	2,8	4,4
Zuweisungen an Pensions- u. Unterstützungskassen	1,1	1,5
Sonstige Aufwendungen zur wirtschaftlichen Sicherung der Arbeitnehmer	0,3	1,1
Gesundheitsdienst	0,3	0,1
Betriebsfürsorge	0,1	0,0
Wohnungshilfe	1,1	0,1
Ausbildung und Fortbildung	0,7	0,4
Kantinen und Werksküchen sowie Verpflegungszuschüsse	0,8	1,4
Sonstige Belegschaftseinrichtungen	0,3	0,1
Sonstige Einrichtungen	0,0	0,0
Zusammen	44,4	51,6

Quelle: „Die Aufwendungen der Unternehmen für ihre Arbeitnehmer im Jahre 1957", Statistische Berichte, Arb. Nr. VI/12/5, Statistisches Bundesamt.

Tabelle 12

Jahressonderzuwendungen an die Angestellten[a]) in ausgewählten Wirtschaftszweigen im Jahre 1951

Wirtschaftsbereich	Männliche Angestellte			Weibliche Angestellte		
	Durchschnittliche(r)					
	Bruttojahresverdienst in DM	Jahressonderzuwendung in DM	Jahressonderzuwendung in vH[b])	Bruttojahresverdienst in DM	Jahressonderzuwendung in DM	Jahressonderzuwendung in vH[b])
Alle erfaßten Wirtschaftsbereiche	*5395*	*264*	*4,9*	3084	*134*	*4,3*
darunter:						
Bergbau, Industrie der Steine und Erden, Energie	6548	240	3,7	3660	152	4,2
Eisen- und Stahlindustrie	6979	262	3,8	3864	153	4,0
Maschinenbau	5978	211	3,5	3516	106	3,0
Fahrzeugbau	5621	149	2,7	3404	86	2,5
Elektrotechnik	6279	224	3,6	3681	96	2,6
Chemische Industrie	6626	447	6,7	3805	178	4,7
Holzverarbeitung	4857	161	3,3	2859	91	3,2
Ledererzeugung und -verarbeitung	5154	200	3,9	3174	115	3,6
Textilgewerbe	5724	328	5,7	3541	170	4,8
Bekleidungsgewerbe	5010	175	3,5	3300	104	3,2
Bau-, Ausbau- und Bauhilfsgewerbe	5237	139	2,6	2918	83	2,8
Großhandel	4721	302	6,4	3076	157	5,1
Einzelhandel	4154	163	3,9	2662	93	3,5
Handelsvertretung und Vermittlung	4814	392	8,1	2986	187	6,2
Geld-, Bank- und Börsenwesen	5002	595	11,9	3302	357	10,8
Versicherungswesen	4831	403	8,3	3200	239	7,5

Quelle: „Die Verdienste der Angestellten in der gewerblichen Wirtschaft im November 1951", Statistik der Bundesrepublik Deutschland, Bd. 91. — a) Kaufmännische und technische Angestellte sowie Meister. — b) Des Bruttojahresverdienstes.

Tabelle 13

Prämien für Versicherungen zugunsten der Arbeitnehmer

(gegliedert nach dem Alter)

Beruf	in DM				in vH des jährlichen Tarifverdienstes			
	unter 20 Jahre	20 bis 35 Jahre	36 bis 50 Jahre	51 und mehr Jahre	unter 20 Jahre	20 bis 35 Jahre	36 bis 50 Jahre	51 und mehr Jahre
Fakturistin bzw. Kontoristin	1	18	18	33	0,0	0,5	0,4	0,6
Verkäufer	.	39	55	116	.	0,7	0,8	2,0
Lagerhilfskraft	.	2	38	75	.	0,1	0,8	1,7

(gegliedert nach der Dauer der Betriebszugehörigkeit)

Beruf	in DM			in vH des jährlichen Tarifverdienstes		
	unter 3 Jahre	3 bis 10 Jahre	11 und mehr Jahre	unter 3 Jahre	3 bis 10 Jahre	11 und mehr Jahre
Fakturistin bzw. Kontoristin	9	14	48	0,3	0,3	0,9
Verkäufer	3	46	79	0,0	0,8	1,2
Lagerhilfskraft	10	21	79	0,3	0,5	1,7

Quelle: Sondererhebung des Ifo-Instituts.

Tabelle 14

Die Verbreitung der 5-Tage-Woche bei den Angestellten im Jahre 1959

Wirtschaftsbereich	Von allen Befragten haben allmonatlich .. vH arbeitsfrei an				
	allen Samstagen	3 Samstagen	2 Samstagen	1 Samstag	keinem Samstag
Groß- und Außenhandel	*22*	*2*	*44*	*3*	*29*
zum Vergleich:					
Alle Wirtschaftszweige	*50*	*3*	*22*	*6*	*20*
Eisenschaffende und Metallindustrie	77	7	13	1	2
Chemische Industrie	74	4	18	1	3
Baugewerbe	56	1	26	1	16
Bergbau	22	1	2	8	67
Druckerei und Verlage	48	7	20	2	23
Textilindustrie	44	3	40	3	10
Bekleidungsindustrie	66	4	20	4	6
Papierindustrie	60	5	30	—	5
Steine und Erden, Keramische und Glasindustrie	56	8	16	2	18
Holz- und Möbelindustrie	58	3	24	1	14
Lederindustrie	76	6	4	8	6
Nahrungs- und Genußmittelindustrie	49	4	23	2	22
Energieversorgungsbetriebe ..	74	0	18	1	7
Banken und Sparkassen	1	—	1	91	7
Bausparkassen	95	3	1	—	1
Einzelhandel	5	1	5	1	88
Versandhandel	72	—	—	—	28
Verkehrsgewerbe	3	1	55	11	30
Kfz-Gewerbe	24	—	52	1	23
Private Versicherungen	50	0	38	1	11
Öffentlicher Dienst	31	4	54	2	9
Ersatzkrankenkassen	100	—	—	—	—
Wohnungswirtschaft	55	—	42	2	1
Verschiedene (Steuerberater, Rechtsanwälte, Auskunfteien usw.)	42	—	19	5	34

Quelle: „Deutsche Handelswacht", Heft 1/1960, Hamburg.

Tabelle 15

Urlaubsdauer der Angestellten

Wirtschaftsbereich	Von den Angestellten erhalten .... vH						
	bis 12	13—15	16—18	19—21	22—24	25—30	über 30
	Arbeitstage Urlaub						
Groß- und Außenhandel	*26*	*14*	*30*	*23*	6	*1*	—
zum Vergleich:							
Alle Gewerbezweige ...	*20*	*18*	*27*	*19*	*11*	*5*	*0*
Eisenschaffende und Metallindustrie	23	19	32	20	5	1	—
Chemische Industrie ...	17	23	24	26	8	2	—
Baugewerbe	19	27	14	15	14	11	—
Bergbau	3	6	8	15	58	7	3
Druckerei und Verlage	22	18	26	21	11	2	—
Textilindustrie	25	15	32	24	4	0	—
Bekleidungsindustrie ..	27	20	38	13	2	—	—
Papierindustrie	24	16	35	18	6	1	—
Steine u. Erden, Keramische und Glasindustrie	19	23	24	22	10	2	—
Holz- u. Möbelindustrie	26	18	37	14	4	1	—
Lederindustrie	20	28	30	12	8	2	—
Nahrungs- und Genußmittelindustrie	25	15	32	17	8	3	0
Energieversorgungsbetriebe	5	17	15	21	24	18	—
Banken und Sparkassen	5	19	25	10	31	9	1
Bausparkassen	18	34	14	23	9	2	—
Einzelhandel	35	15	31	14	5	0	—
Versandhandel	31	26	21	18	5	—	—
Verkehrsgewerbe	18	21	37	11	5	8	—
Kfz-Gewerbe	21	24	45	5	4	1	—
Private Versicherungen	5	11	34	10	37	3	0
Öffentlicher Dienst	5	5	10	8	24	44	4
Ersatzkrankenkassen ..	1	26	18	23	12	20	0
Wohnungswirtschaft ...	15	17	20	20	15	11	2
Verschiedene (Steuerberater, Rechtsanwälte, Auskunfteien usw.) ..	29	12	20	9	25	4	1

Quelle: „Deutsche Handelswacht", Heft 1/1960, Hamburg.

Tabelle 16

Kündigungsgründe bei Lösung des Arbeitsverhältnisses durch den Arbeitnehmer

Bereich bzw. Branche	Von den gegesamten Personalabgängen (vom 1. 1. 59 bis 30. 6. 60) entfielen ... vH auf Kündigung. durch Arbeitnehm.	Die Kündigung erfolgte in ... vH der Fälle: wegen Betriebswechsel in andere Großhandelsbetriebe	wegen Betriebswechsel in Betriebe anderer Wirtschaftsbereiche	wegen Berufswechsel	wegen Berufsaufgabe, Pensionierung, Tod	aus sonstigen Gründen (Einberufung, Wohnortwechsel des Mannes usw.)	aus unbekannt. Gründen	Gemessen am gesamt. Personal (30. 6. 1960) entfielen ... vH auf Arbeitnehmerkündigung. im Zeitraum v. 1. 1. 1959 bis 30. 6. 1960
Nahrungs- und Genußmittel	77	10	32	5	6	3	21	12,8
Tabakwaren	71	10	36	9	10	3	3	—
Textilien und Bekleidung	82	20	38	4	5	7	8	8,0
Schuhe	81	10	48	—	17	4	2	9,3
Papier, Bürobedarf und Schreibwaren	79	22	32	11	10	3	1	11,0
Eisen- und Metallwaren	76	23	32	5	10	5	1	13,3
Elektroartikel	77	15	43	5	6	4	4	9,8
Uhren und Schmuckwaren	89	11	37	—	9	29	3	21,9
Fotoapparate und -zubehör	77	6	44	3	5	13	6	13,2
Optische Artikel	100	6	65	—	18	—	11	10,7
Fahrräder, Mopeds und Zubehör	100	—	33	—	—	67	—	2,6
Konsumgütergroßhandel	79	*13*	*35*	*5*	7	6	*13*	*11,1*
Eisen und Stahl	73	20	29	1	7	6	10	16,4

Tabelle 16 (Fortsetzung)

Bereich bzw. Branche	Von den gesamten Personalabgängen vom 1. 1. 59 bis 30. 6. 60) entfielen ... vH auf Kündigung durch Arbeitnehm.	Die Kündigung erfolgte in ... v. H. der Fälle: wegen Betriebswechsel in andere Großhandelsbetriebe	wegen Betriebswechsel in Betriebe anderer Wirtschaftsbereiche	wegen Berufswechsel	wegen Berufsaufgabe, Pensionierung, Tod	aus sonstigen Gründen (Einberufung, Wohnortwechsel des Mannes usw.)	aus unbekannt. Gründen	Gemessen am gesamt, Personal (30. 6. 1960) entfielen ... vH auf Arbeitnehmerkündigung. im Zeitraum v. 1. 1. 1959 bis 30. 6. 1960
Werkzeuge und Maschinen Landmaschinen	80	21	24	7	11	7	10	13,1
Elektrisches Installationsmaterial	83	18	41	8	7	9	—	7,7
Sanitäres Installations-	77	16	38	9	12	1	1	7,7
material	73	15	31	6	13	6	2	7,5
Kfz-Ersatzteile	73	32	16	3	5	2	15	14,2
Baustoffe	78	17	35	6	7	6	7	9,0
Holz	73	18	29	7	8	4	7	11,1
Chemikalien	81	20	37	3	7	7	7	16,3
Papier und Pappe	84	17	30	6	15	7	9	17,4
Häute und Felle	86	14	43	15	7	7	—	11,7
Leder	68	16	27	5	7	9	4	14,8
Rohstoff- und Produktionsverbindungshandel	77	*19*	*31*	*5*	*9*	*6*	*7*	*12,3*
Großhandel insgesamt	*78*	*15*	*33*	*5*	8	*6*	*11*	*11,6*

Quelle: Sondererhebung des Ifo-Instituts im Rahmen des Konjunkturtests.

Tabelle 17

Bessere Bezahlung als Motiv des Betriebswechsels der Arbeitnehmer

Bereich bzw. Branche	Von den insgesamt ausgeschiedenen Personen wechselten ... vH in andere Betriebe	Für den Betriebswechsel war die bessere Bezahlung an der neuen Arbeitsstätte ausschlaggebend	
		in vH der Fälle, in denen die Beschäftigten den Betrieb gewechselt haben	in vH aller Arbeitnehmerkündigungen
Nahrungs- und Genußmittel .	42	71	30
Textilien und Bekleidung	58	83	48
Tabakwaren	46	67	31
Schuhe	58	83	48
Papier, Bürobedarf, Schreibwaren	54	57	31
Eisen- und Metallwaren	55	67	37
Elektro- und Rundfunkartikel	58	81	47
Uhren und Schmuckwaren ...	48	58	28
Fotoapparate und -zubehör ..	50	74	37
Optische Artikel	71	66	47
Fahrräder, Mopeds und Zubehör	33	—	—
Konsumgütergroßhandel	*48*	*70*	*34*
Eisen und Stahl	49	71	35
Werkzeuge und Maschinen ...	45	44	20
Landmaschinen	59	76	45
Elektr. Installationsmaterial ..	54	80	43
Sanitäres Installationsmaterial	46	72	33
Kfz-Ersatzteile	48	54	26
Baustoffe	52	71	37
Holz	47	45	21
Chemikalien	57	61	35
Papier und Pappe	47	77	36
Häute und Felle	57	37	21
Leder	43	37	16
Rohstoff- und Produktionsverbindungshandel	*50*	*60*	*30*
Großhandel insgesamt	*49*	*66*	*33*

Quelle: Sondererhebung des Ifo-Instituts im Rahmen des Konjunkturtests.

Tabelle 18

Kündigungsgründe bei Lösung des Arbeitsverhältnisses durch den Arbeitgeber

Bereich bzw. Branche	Von den gesamten Personalabgängen (vom 1. 1. 1959 bis 30. 6. 1960) entfielen .... vH auf Kündigungen durch den Arbeitgeber	Die Kündigung erfolgte in .... vH der Fälle				Gemessen am gesamten Personal (30. 6. 1960) entfielen .. vH auf Arbeitgeberkündigungen im Zeitraum vom 1. 1. 1959 bis 30. 6. 60
		wegen ungenügender Leistungen	wegen Einsparung von Arbeitskräften auf Grund von Rationalisierungsmaßnahmen	wegen Einschränkung des Geschäftsumfanges	aus sonstigen Gründen	
Nahrungs- und Genußmittel .	23	16	3	1	3	3,8
Tabakwaren	29	23	1	—	5	—
Textilien und Bekleidung	18	13	3	1	1	1,7
Schuhe	19	14	3	2	—	2,2
Papier, Bürobedarf u. Schreibwaren	21	18	1	1	1	2,9
Eisen- und Metallwaren	24	22	—	—	2	4,2
Elektroartikel	23	19	1	—	3	2,9
Fotoapparate und -zubehör	23	17	—	1	5	3,9
Optische Artikel	—	—	—	—	—	—
Fahrräder, Mopeds und Zubehör	—	—	—	—	—	—
Konsumgütergroßhandel	*21*	*16*	*2*	*1*	*2*	*3,1*

Tabelle 18 (Fortsetzung)

Eisen und Stahl	27	16	7	—	4	6,1
Werkzeuge und Maschinen	20	19	1	—	—	3,3
Landmaschinen	17	10	5	—	2	1,6
Elektrisches Installationsmaterial	23	19	2	1	1	2,3
Sanitäres Installationsmaterial	27	17	—	—	10	2,8
KfZ-Ersatzteile	27	13	1	—	13	5,3
Baustoffe	22	20	1	—	1	2,6
Holz	27	15	1	10	1	4,1
Chemikalien	19	8	8	—	3	3,8
Papier und Pappe	16	15	—	—	1	3,3
Häute und Felle	14	7	7	—	—	1,9
Leder	32	14	3	13	2	7,0
Rohstoff- und Produktionsverbindungshandel	*23*	*14*	*3*	*2*	*3*	*3,7*
Großhandel insgesamt	*22*	*15*	*3*	*1*	*3*	*3,3*

Quelle: Sondererhebung des Ifo-Instituts im Rahmen des Konjunkturtests.

Tabelle 19

Die aus allgemeinbildenden Schulen Entlassenen nach Schularten insgesamt in den Jahren 1950/51 bis 1959/60[a])

Berichtsjahr	Schulentlassene		
	absolut	in vH aller Schulabgänger	1950/51 = 100
	Volksschulabgänger		
1950/51	726 855	87	100
1951/52	719 431	87	99
1952/53	720 537	86	99
1953/54	820 250	86	113
1954/55	728 821	84	100
1955/56	621 113	79	86
1956/57	543 919	76	75
1957/58	538 462	76	74
1958/59	441 940	72	61
1959/60	396 375	69	55
	Mittelschulabgänger		
1950/51	81 464	10	100
1951/52	85 710	10	105
1952/53	93 460	11	115
1953/54	102 549	11	126
1954/55	111 625	13	137
1955/56	126 005	16	155
1956/57	126 511	18	155
1957/58	123 540	17	152
1958/59	123 713	20	152
1959/60	128 602	22	158
	Abiturienten		
1950/51	27 820	3	100
1951/52	25 310	3	91
1952/53	21 885	3	79
1953/54	28 705	3	103
1954/55	28 835	3	104
1955/56	36 090	5	130
1956/57	39 899	6	143
1957/58	43 209	7	155
1958/59	49 163	8	177
1959/60	53 949	9	194
	Zusammen		
1950/51	836 139	100	100
1951/52	830 451	100	99
1952/53	835 882	100	100
1953/54	951 504	100	114
1954/55	869 281	100	104
1955/56	783 208	100	94
1956/57	710 329	100	85
1957/58	705 211	100	84
1958/59	614 816	100	73
1959/60	578 926	100	69

Quelle: Bundesanstalt für Arbeitsvermittlung und Arbeitslosenversicherung
a) Ergebnisse der Berufsberatungsstatistik, bis 1957/58 ohne Saarland

Anhang II

Definition der Gehaltsgruppen in den Tarifverträgen für den Großhandel

(in gekürzter Fassung)

Lfd. Nr. d. Tarif-gruppe	Baden-Württem-berg	Bayern	Hamburg	Hessen	Nieder-sachsen
1.	*A:* Angestellte mit einfacher kaufmännischer und überwiegend schematischer oder mechanischer Tätigkeit, (z. B. einfache Büro-, Versand- und Lagerarbeiten, Abschreibarbeiten, Vervielfältigungen, Postabfertigung, einfache Verkaufskräfte)	*I:* Angestellte ohne abgeschlossene berufliche Ausbildung, die mit gleichbleibender schematischer Arbeit beschäftigt werden, (z. B. Registraturgehilfen, schematische Schreiber, Führer einfacher Karteien, Hilfskräfte für Statistik, Telefonisten)	*I:* Angestellte mit vorwiegend schematischer und mechanischer Tätigkeit, für die eine Berufsausbildung nicht erforderlich ist (z. B. einfache Schreibarbeiten, Führen von Rechnungseingangsbüchern, Sortieren und Ablegen von Schriftwechsel, Telefonisten, Karteiarbeiten, Postabfertigung, Nebenarbeiten im Lager)	*K 1:* Angestellte ohne kaufmännische Berufsausbildung	*K 1:* Angest. ohne Berufsausbil. mit schematischer Tätigkeit (z. B. Angestellte, die Abschriften fertigen), Hilfskr. f. Abl. und Registraturarbeiten, in der Warenannahme und -ausgabe, Telefonisten, Postabfertiger, Verkäufer und Stenotypisten in Anfangsstellung, soweit sie die Voraussetzungen für eine Höhergruppierung nicht erfüllen
2.	*B:* Angestellte mit nicht einfacher kaufmännischer Tätigkeit (z. B. kaufmännische Kräfte für den Versand, die Statistik, die Auftragsbuchführung, Hilfskassierer, Karteiführer, Stenotypisten, Telefonisten in größeren Fernsprechzentralen, Verkaufskräfte mit fortgeschrittenen Fachkenntnissen)	*II:* Angestellte mit einfacher Tätigkeit (z. B. Kontoristen, Stenotypisten, Hilfsbuchhalter, Registratoren, Lohnschreiber u. Lohnrechner, Telefonisten, Verkaufs-, Lager- und Versandpersonal, Anfangs- und Hilfsdekorateure, Anfangsreisende)	*II:* Angestellte mit nicht selbständigen einfachen Tätigkeiten, die ihre Arbeiten aufgrund eingehender Anweisungen verrichten (z. B. Bedienen größerer Fernsprechanlagen, Stenotypisten, Fakturisten, Erledigung von einfachen Teilaufgaben in der Expedition, im Lager, im Einkauf, im Verkauf, in der Buchhaltung)	*K 2:* Angestellte mit einfacher kaufmännischer Tätigkeit (z. B. Verkäufer ohne besondere Fachkenntnisse, Stenotypisten oder Masch.-schreibkräfte, die einf. Stenogramme aufnehmen und übertragen, Angestellte für einfache Arbeiten in Buchhaltung, Registratur, Lager, Expedition, Statistik u. Fakturenabt.)	*K 2:* Angestellte mit einfachen Tätigkeiten, deren Ausübung Kenntnisse erfordert, wie sie in einer Berufsausbildung vermittelt werden (z. B. Verkäufer, Kassierer, Kontoristen, Stenotypisten, Fakturisten, Buchhalter, die Übertragungen vornehmen oder das einfache Mahnwesen bearbeiten, Lageristen, Gebrauchswerber, Reisende)

Lfd. Nr. d. Tarifgruppe	Nordrhein-Westfalen	Rheinland-Pfalz	Saarland	Schleswig-Holstein	West-Berlin
1.	*I:* Angestellte mit einfacher, d. h. vorwiegend schematischer Tätigkeit (z. B. Telefonisten, Stenotypisten, Kontoristen, Lohnschreiber, Maschinenschreiber, Verkäufer, Fakturenschreiber, Hilfskräfte in Buchhaltung, Expedition und Lager, Versandgehilfen, Anfangsreisende)	K 1: Angestellte mit vorwiegend schematischer und mechanischer Tätigkeit (z. B. Adressenschreiber, Vervielfältiger, Telefonisten, Bürodiener, Postabfertiger)	*1:* Angestellte ohne kaufmännische Berufsausbildung	*K 0:* Angestellte mit Tätigkeiten, für die Berufskenntnisse nicht erforderlich sind (z. B. einfache Abschreibarbeiten, Sortieren und Ablegen von Unterlagen, Vervielfältigungsarbeiten, Bedienen von Adressiermaschinen)	*K 1:* Angestellte mit einfacher und mechanischer Tätigkeit, für die eine abgeschlossene Berufsausbildung nicht erforderlich ist (z. B. Einhefter und Ableger, Registraturgehilfen, Karteischreiber, Adressenschreiber, Lohnschreiber, Rechnungsschreiber, Stenotypisten, Telefonisten, Postabfertiger, Hilfskräfte)
2.	*II:* Angestellte mit gehobener Tätigkeit (z. B. Buchhalter, Materialverwalter, Stenotypisten, Kontoristen mit besonderen Leistungen, Leiter der Registratur, Korrespondenten, Kassierer, 1. Verkäufer, Kalkulatoren, Reisende, Dekorateure, Fakturisten, Lageristen)	*K 2:* Angestellte mit einfacher kaufmännischer Tätigkeit (z. B. Verkäufer, Kontoristen, Registratoren, Hilfskräfte der Buchhaltung, der Kalkulation und Statistik, Fakturisten, Lageristen, Stenotypisten)	*2:* Angestellte mit einfachen kaufmännischen Tätigkeiten (z. B. Telefonisten, Kontoristen, Lohnschreiber, Verkäufer, Fakturenschreiber, Hilfskassierer, Hilfskräfte in Buchhaltung, Registratur, Expedition und Lager, Anfangsreisende)	*K 1:* Angestellte mit einfachen kaufmännischen Tätigkeiten (z. B. Aufnehmen und Wiedergeben einfacher Stenogramme, einfache Arbeiten in allen Abteilungen, Schreiben von Rechnungen, Bedienen von Fernsprechanlagen bis zu 4 Amtsanschlüssen)	*K 2:* Angestellte mit qualifizierter Tätigkeit, für die gründliche Kenntnisse im Beruf erforderlich sind (z. B. Korrespondenten für einfachen Briefwechsel, Fernschreiber, Rechnungsprüfer, Buchhalter, Stenotypisten mit bestimmten Mindestanforderungen, Statistiker, Lageristen, Expedienten, Reisende in Anfangsstellung)

Lfd. Nr. d. Tarifgruppe	Baden-Württemberg	Bayern	Hamburg	Hessen	Niedersachsen
3.	*C:* Angestellte, die auf allgemeine Anweisungen schwierigere Arbeiten selbständig erledigen und Arbeiten von größerer Bedeutung und Verantwortung haben (z. B. selbständige Buchhalter, Dekorateure, Einkäufer, Korrespondenten für schwierigen deutschen Schriftwechsel, Kassierer, Registraturverwalter, selbständige Sekretärinnen, 1. Verkäufer mit besonderen Fachkenntnissen, Filialleiter, denen mehr als 4 Verkaufskräfte unterstellt sind)	*III:* Angestellte, die eine höherwertige Tätigkeit im Rahmen allgemeiner Anweisungen verrichten (z. B. Stenotypisten, mit mehrjähriger Erfahrung, Korrespondenten, Buchhalter für die Führung größerer Kontokorrente, Aufstellung der Monatsbilanzen etc., Lohnbuchhalter, 1.Verkäufer, Kassierer, Filialleiter, soweit nicht Gruppe IV zuständig ist, Reisende mit mindestens 1-jähriger Praxis)	*II a:* Angestellte mit nicht selbständigen gehobenen Tätigkeiten, die Spezialkenntnisse erfordern und aufgrund allmeiner Anweisungen verrichtet werden (z. B. beratende Verkaufstätigkeit im Innendienst, Erstellung von Lohn- und Gehaltsabrechnungen, Reisetätigkeit bis zu 2 Jahren, Reisepraxis, einfacher Schriftwechsel)	*K 3:* Angestellte der Gruppe K 2 mit fortgeschrittenen Fachkenntnissen und Leistungen (z. B. Verkäufer, Stenotypisten, die auch ein umrissenes Diktat form- und stilgerecht übertragen, Korrespondenten, Buchhalter, Registratoren, Lageristen, Expedienten, Kalkulatoren, Statistiker, Telefonisten, die größere Zentralen bedienen, Fakturisten, Kassierer, Reisende)	*K 3:* Angestellte mit gründlichen Fachkenntnissen, die auf allgemeine Anweisung schwierige Arbeiten selbständig erledigen und Arbeiten von größerer Bedeutung und Verantwortlichkeit ausführen (z. B. Alleinverkäufer in Auslieferungslagern, Kassierer an Sammelkassen, Registratoren, Korrespondenten, auch fremdsprachliche, qualifizierte Stenotypisten, Vor- und Nachkalkulatoren, Statistiker, Lagerverwalter, die Anordnungsbefugnis haben, Reisende)

Lfd. Nr. d. Tarifgruppe	Nordrhein-Westfalen	Rheinland-Pfalz	Saarland	Schleswig-Holstein	West-Berlin
3.	*III:* Angestellte mit selbständiger Tätigkeit, (z. B. Bilanzbuchhalter, 1. Kassierer, 1. Verkäufer mit Einkaufsbefugnis, fremdsprachliche Korrespondenten, Filialleiter, Revisoren)	*K 3:* Angestellte der Gruppe K 2 mit fortgeschrittenen Fachkenntnissen und Leistungen (z. B. 1. Verkäufer, 1. Lagerist, Kassierer an Sammelkassen, Reisende ohne besondere Berufserfahrung, Verkaufsstellenleiter, denen in der Regel bis zu 5 Beschäftigte unterstehen)	*3:* Angestellte mit fortgeschrittenen Fachkenntnissen und höheren Leistungen (z. B. Buchhalter, Materialverwalter, Stenotypisten und Kontoristen mit besonderen Leistungen, Telefonisten mit besonderen Kenntnissen, Statistiker, Leiter der Registratur, Korrespondenten, Kassierer, 1. Verkäufer, Kalkulatoren, Reisende, Dekorateure, Fakturisten, Lageristen, Expedienten)	*K 3:* Angestellte, die teilweise selbständig nach Anweisung und unter Aufsicht Tätigkeiten ausüben, die Fachkenntnisse erfordern (z. B. form- und stilgerechtes Wiedergeben von schwierigen Diktaten, einfacher Schriftwechsel nach kurzen Angaben, Fakturisten, Statistiker, Rechnungsprüfer, Verkaufskräfte im Innendienst, Bedienen von Fernschreibgeräten und größeren Fernsprechanlagen)	*K 3:* Angestellte, die schwierige Arbeiten selbständig erledigen, für die besondere Fachkenntnisse und Fähigkeiten erforderlich sind (z. B. selbständige Buchhalter, Lohnbuchhalter, Kassierer, Korrespondenten und Statistiker, Dolmetscher, Kalkulatoren, 2. Einkäufer, Lagerverwalter Expeditionsleiter, Hausmeister, 1. Verkäufer und Verkaufsstellenverwalter)

Lfd. Nr. d. Tarifgruppe	Baden-Württemberg	Bayern	Hamburg	Hessen	Niedersachsen
4.	*D:* Angestellte mit selbständiger Tätigkeit, welche umfangreiche kaufmännische Spezialkenntnisse haben und höhere Dienstleistungen vollbringen (Dispositions- und Aufsichtsbefugnis), (z. B. Abteilungsleiter in größeren Betrieben, Chefdekorateure, selbständige Disponenten, Verkaufsstellenleiter bzw. Filialleiter mit Einkaufsbefugnis, Hauptbuchhalter, Hauptkassierer, Werbeleiter, Verkaufsleiter)	*IV:* Angestellte mit selbständiger verantwortlicher Tätigkeit (z. B. fremdsprachliche Korrespondenten, Einkäufer, Verkaufsleiter, Verkaufsgruppenleiter, Abteilungsleiter, Werbeleiter, Leiter der Kontokorrentbuchhaltung mit unterstellten Kräften, Führer der Hauptkasse, Bilanzbuchhalter, Filialleiter mit Einkaufsbefugnis und Leiter von Filialen mit mindestens 5 Beschäftigten)	*III:* Angestellte mit selbständiger Tätigkeit, die ihre Aufgaben im Rahmen allgemeiner Richtlinien erledigen (Sachbearbeiter), (z. B. Führen von Schriftwechsel, Sekretärinnen, fremdsprachige Stenotypisten, Reisende mit über 2 Jahre Reisepraxis, Lagerverwalter, Buchhalter)	*K 4:* Angestellte, die auf allgemeine Anweisung schwierige Arbeiten selbständig erledigen (z. B. 1. Verkaufskräfte, Stenotypisten mit einer Fremdsprache, Korrespondenten für schwierigen Schriftwechsel, Buchhalter, 1. Registratoren, 1. Lageristen, 1. Expedienten und Kalkulatoren, 1. Kassierer, Reisende mit mindestens 2-jähriger Tätigkeit)	*K 4:* Angestellte, mit umfangreichen kaufmännischen Spezialkenntnissen in selbständiger und verantwortlicher Tätigkeit mit Dispositions- oder Aufsichtsbefugnis (z. B. Abteilungsleiter, Einkäufer, Hauptbuchhalter, Hauptkassenleiter, Leiter von Filialen mit mehr als 10 Beschäftigten, Werbeleiter)

Lfd. Nr. d. Tarifgruppe	Nordrhein-Westfalen	Rheinland-Pfalz	Saarland	Schleswig-Holstein	West-Berlin
4.	*IV:* Angestellte mit leitender Tätigkeit (z. B. Abteilungsleiter, Filialleiter in Verkaufsstellen mit mehr als 15 Arbeitnehmern usw.)	*K 4:* Angestellte, die auf allgemeine Anweisung schwierige Arbeiten selbständig erledigen z. B. Buchhalter, Korrespondenten, fremdsprachige Stenotypisten, 1. Expedienten, Reisende ohne Abschlußvollmacht, Dekorateure)	*4:* Angestellte mit besonderen Fachkenntnissen, Erfahrungen und Fähigkeiten, Angestellte, die auf allgemeine Anweisung schwierige Arbeiten unter eigener Verantwortung selbständig erledigen (z. B. 1. Kassierer, 1. Verkäufer mit Einkaufsbefugnis, 1. Dekorateure, 1. Expedienten, 1. Buchhalter, fremdsprachliche Korrespondenten, Revisoren, Filialleiter)	*K 4:* Kaufmännische Angestellte mit besonderen Fachkenntnissen, Erfahrungen und Fähigkeiten, die die ihnen übertragenen Aufgaben selbständig im Rahmen allgemeiner Anweisungen verantwortlich erledigen (z. B. Führen von schwierigem Schriftwechsel, Rechnungsprüfung, Durchführung von Export- und Import-Kalkulationen, Einkaufstätigkeit, 1. Verkäufer im Innendienst)	*K 4:* Angestellte mit selbständiger Stellung und mit voller Verantwortung für ihre Tätigkeit, für die umfassende Berufskenntnis und längere praktische Erfahrung erforderlich sind (z. B. Hauptkassierer, denen das gesamte Kassenwesen untersteht, Haupt- und Bilanzbuchhalter in größeren Betrieben, Verkaufsleiter, 1. Einkäufer und 1. Kalkulatoren)

Lfd. Nr. d. Tarif-gruppe	Baden-Württem-berg	Bayern	Hamburg	Hessen	Nieder-Sachsen
5.			*IV:* Angestellte mit leitender und entsprechend verantwortlicher Tätigkeit (z. B. Abteilungsleiter, Einkäufer mit Abschlußvollmacht, Leiter der Haupt-, Bilanz- und Finanzbuchhaltung, Erstellung von Abschlußbilanzen)	*K 5:* Angestellte mit selbständiger Tätigkeit, die umfangreiche kaufmännische und praktische Erfahrung erfordert (z. B. Stenotypisten mit zwei Fremdsprachen, selbständige Korrespondenten, Haupt- und Bilanzbuchhalter, Registraturleiter, Versandleiter und Lagerverwalter, denen mindestens 7 Arbeitnehmer unterstehen, Hauptkassierer, denen das gesamte Kassenwesen untersteht, Reisende, Oberreisende)	
6.				*K 6:* Angestellte in verantwortlicher Stellung	

Voraussetzung für die Einstufung in die Gruppen 2—6 ist in der Regel eine abgeschlossene kaufmännische Ausbildung.

Lfd. Nr. d. Tarifgruppe	Nordrhein-Westfalen	Rheinland-Pfalz	Saarland	Schleswig-Holstein	West-Berlin
5.		*K 5:* Angestellte mit selbständiger Tätigkeit, welche umfangreiche kaufmännische Spezialkenntnisse und praktische Erfahrung erfordert (z. B. Haupt- und Bilanzbuchhalter, abschlußberechtigte Reisende, selbständige 1. Korrespondenten, Hauptkassierer, Bürovorsteher, Statistiker und Kalkulatoren in leitender Stellung, Filialleiter, die einem Personal von in der Regel mehr als 20 Personen vorstehen, Abteilungsvorstände)	*5:* Angestellte in leitender Stellung (z. B. Abteilungsleiter usw.)	*K 5:* Kaufmännische Angestellte mit Leitungs- und Aufsichtsbefugnis oder Angestellte mit umfassender Berufserfahrung, die schwierige kaufmännische Aufgaben selbständig und unter eigener Verantwortung erledigen	*K 5:* Angestellte in leitender Stellung mit Dispositionsbefugnissen oder mit besonderer Verantwortung
6.		*K 6:* Angestellte in verantwortlicher Stellung mit Dispositionstätigkeit (z. B. selbständige Reklameleiter, selbständige Einkäufer, Buchhaltungs-, Büro-, Abtei-	Fortsetzung Rheinland-Pfalz, *K 6:* lungs- und Versandvorstände, denen in der Regel mindestens 40 Angestellte unterstellt sind)		

Voraussetzung für die Einstufung in die Gruppen 2—6 ist in der Regel eine abgeschlossene kaufmännische Ausbildung.

Verzeichnis

der zitierten Literatur bzw. der verwendeten Statistiken

Arndt, Helmut: Die Konzentration der Wirtschaft, Bd. 2, Berlin 1960

Batzer, E. und H. *Laumer:* Der Großhandel in Gegenwart und Vergangenheit, Schriftenreihe des Ifo-Instituts für Wirtschaftsforschung, Nr. 35, Berlin—München 1958

Bischoff etc.: Menschen im modernen Büro, Handelsblatt Nr. 226/1960, Beilage

Boje, Axel: Büroarbeit ist zu bewältigen, Handelsblatt Nr. 192/1960

Bundesanstalt für Arbeitsvermittlung und Arbeitslosenversicherung: Amtliche Nachrichten (ANBA), Nr. 5 vom 25. Mai 1960 und Nr. 5 vom 25. Mai 1961

— Ergebnisse der Berufsberatungsstatistik

Deutscher Handels- und Industrieangestelltenverband: Ergebnisse aus der Arbeitszeiterhebung des DHV, Deutsche Handelswacht, Hamburg, Heft 1, 2, 6/1960

Deutscher Industrie- und Handelstag: Berufsausbildung, Schriftenreihe Nr. 8, 19, 26, 29, 35, 41, 49, 55, 58, 68

Divo-Institut: Pressedienst, September II — 1959, Frankfurt/M.

Gesellschaft für Marktforschung mbH: Einstellung zu Beruf und Arbeitsstelle, Hamburg, Dezember 1958 (unveröffentlichtes Manuskript)

Gleitze, Bruno: Wirtschafts- und Sozialstatistisches Handbuch, Köln 1960

Ifo-Institut für Wirtschaftsforschung: Die Entwicklungstendenzen des Güterverkehrs in der Bundesrepublik Deutschland bis zum Jahre 1970, Schriftenreihe, Nr. 40, Berlin—München 1960

Bodensee

Institut für Demoskopie: Informationsdienst vom 4. 6. 1960, Allensbach am

Hessisches Institut für Betriebswirtschaft und Arbeitgeberverband der Hessischen Metallindustrie e. V.: Warum Arbeitskräfte wechseln? Die Fluktuation — Ursachen und Bekämpfung — Erfassung und Kosten, Düsseldorf 1960

Schoneweg, R.: Selbstbedienung im Großhandel, Köln 1960

— Die Konkurrenz mit sich selbst, Handelsblatt, Nr. 135/1960, Beilage „Der Deutsche Handel"

Statistisches Bundesamt: Preise, Löhne, Wirtschaftsrechnungen, Reihe 3, 6, 15/II

— Statistik der Bundesrepublik Deutschland, Bd 36, 45, 90, 91, 112, 161, 212, 240

— Statistische Berichte, Arb.Nr. VI/12/1—5

— Wirtschaft und Statistik, Heft 3/1955, 10/1959, 1/1960 und 12/1960

Statistisches Reichsamt: Statistik des Deutschen Reichs, Bd. 413, 462 bis 466, 566 bis 571

— Statistisches Jahrbuch 1941/42

FSC
www.fsc.org
MIX
Papier | Fördert gute Waldnutzung
FSC® C083411

Kolibri 360 GmbH
Ferdinand-Jühlke-Straße 7
99095 Erfurt, Deutschland
produktsicherheit@kolibri360.de

Druck:
CPI Druckdienstleistungen GmbH
im Auftrag der
Kolibri 360 GmbH
Ferdinand-Jühlke-Str. 7
99095 Erfurt